200 x Einfache Gerichte

gut gekocht und ganz schön einfach

200 x Einfache Gerichte

Jo McAuley

Die Verwertung der Texte und Bilder, auch auszugsweise, ist ohne Zustimmung des Verlags rechtswidrig und strafbar. Dies gilt auch für Vervielfältigungen, Übersetzungen, Mikroverfilmungen und für die Verarbeitung mit elektronischen Systemen.

Die Ratschläge in diesem Buch wurden von Autoren und Verlag sorgfältig erwogen und geprüft, dennoch kann eine Garantie nicht übernommen werden. Eine Haftung der Autoren bzw. des Verlags und seiner Beauftragten für Personen-, Sach- oder Vermögensschäden ist ausgeschlossen.

Erstveröffentlichung 2008 unter dem Titel „Hamlyn All Colour: Easy Suppers" durch Hamlyn Octopus, einem Imprint von Octopus Publishing Group Ltd., 2-4 Heron Quays, Docklands, London E14 4JP

© 2008 Octopus Publishing Group Ltd.

Alle Rechte vorbehalten

Moewig ist ein Imprint der edel entertainment GmbH
© edel entertainment GmbH, Hamburg
www.moewig.de | www.edel.de

Übersetzung: Susanne Haeger, Heidelberg
Satz: www.lueckenlos.eu
Redaktion: Susanne Lück, Köln

Printed and bound in China

ISBN 978-3-86803-316-8

Inhalt

Einleitung	6
Fleisch	12
Geflügel	54
Fisch	90
Vegetarisch	132
Desserts	182
Register	234
Danksagung	240

Einleitung

Einleitung

Eine Leidenschaft für gutes Essen, das man auch selber zubereiten möchte, muss nicht mit stundenlanger Mühe am Herd verbunden sein. Keine Sorge deshalb – auch wenn sie noch so gerne kochen, ist mittlerweile doch fast allen klar: So viele andere Termine und Alltagserledigungen warten, dass die Zubereitung des Essens oft notgedrungen hintansteht. Dann wäre es zwar verlockend, im Supermarkt zu einem Fertiggericht zu greifen – aber genau das muss nicht sein!

Die Rezepte in diesem Buch beweisen, dass Kochen ganz leicht sein kann. Die meisten Gerichte nehmen von Anfang bis Ende weniger als 30 Minuten in Anspruch, und jene, die etwas mehr Zeit benötigen, kann man in der Regel getrost ein wenig allein vor sich hin köcheln lassen. Die Zutatenlisten sind übersichtlich, die Methoden einfach und sämtliche Zubereitungs- und Kochzeiten sind kurz. Das bedeutet aber keineswegs, es würden auch Abstriche beim Geschmack gemacht – ganz im Gegenteil!

Experimentieren erlaubt

Die meisten Rezepte sind als Hauptgericht für vier Personen gedacht. Viele der Salate, Suppen etc. eignen sich aber auch hervorragend als Vorspeisen und reichen dann mühelos für acht Personen. Für zwei Personen halbieren Sie einfach die Mengen. Als Dessert empfehlen sich Speisen, die im Voraus zubereitet werden können oder die garen, während Sie die Vorspeise verzehren

Betrachten Sie die Rezepte eher als Leitfaden denn als strikte Regeln und experimentieren Sie ruhig ein wenig mit Mengen und Zutaten. Das Kochen soll Sie nicht einschränken, sondern Spaß machen – und satt!

Gesunde Ernährung

Eine gesunde Ernährung ist immer eine abwechslungsreiche Ernährung, und dieses Buch hilft Ihnen, das ohne allzu viel Mühe umzusetzen. „Schnelle Küche" soll ja nicht ewa bedeuten, Fertiggerichte mit viel zu hohem Zucker-, Salz- und Fettgehalt oder chemischen Zusätzen aufzuwärmen! Dass Sie wenig Zeit haben, ist noch lange kein

Grund, auf wichtige Vitamine, Mineral- und Nährstoffe zu verzichten, wie sie etwa in Obst, Wurzelgemüse und Hülsenfrüchten enthalten sind. Gerichte müssen nicht langwierig oder kompliziert sein, um uns mit allen notwendigen Nährstoffen zu versorgen.

Der wichtigste Schritt zur Gewährleistung einer ausreichenden Vitamin- und Mineralstoffzufuhr sind möglichst frische Zutaten. Wir alle wissen, dass wir viel Obst und Gemüse essen sollen. Tiefkühlgemüse weist übrigens oft einen gleichwertigen Nährwert auf wie frische Produkte – eine Verarbeitung direkt nach der Ernte und kurze Transportwege vorausgesetzt.

Immer gut vorbereitet

Es ist uns also allen im Prinzip klar, wie wichtig es ist, vernünftig einzukaufen. Dies gilt umso mehr, wenn wir schnell einfache Gerichte zubereiten wollen, denn dann zählt jede Zutat! So kann z.B. ein hochwertiges Olivenöl oder ein Bio-Wildlachsfilet den ganzen Unterschied zwischen einem gerade akzeptablen und einem wahrhaft exzellenten Gericht ausmachen. Viele der Rezepte in diesem Buch werden durch ein oder zwei ausgeprägte Aromen zum Leben erweckt. Es ist verblüffend, wie der säuerliche Hauch von Zitrone oder der Geschmack einiger Salbeiblätter ein Gericht verändern kann.

Frische Kräuter, gute Zutaten und gewiefte Kombinationen unterschiedlicher Aromen und Konsistenzen sorgen dafür, dass trotz einfacher Rezepte nie Langeweile aufkommt!

Sie brauchen keinerlei Schuldgefühle zu haben, wenn Sie auf zeitsparende Qualitätsprodukte zurückgreifen. Halten Sie Ausschau nach küchenfertigen Pestos oder Tapenaden, nach Tiefkühl-Hülsenfrüchten, vorgegartem Reis oder Röstgemüse an der Feinkosttheke. Gehackter Knoblauch und Ingwer aus dem Glas ermöglichen den Einsatz dieser wunderbaren Aromen, ohne dass man Zeit auf Schälen oder Reiben verwenden müsste. Geschnetzeltes Fleisch ist ein idealer Zeitsparer bei Wokgerichten, und Tiefkühlteig ist unentbehrlich, wenn man auf die Schnelle leckere Pasteten zaubern möchte.

Wichtige Vorräte

Eine der besten Möglichkeiten, sich das Küchenleben zu erleichtern, ist ein gut sortierter Vorrats- und Gefrierschrank. So brauchen Sie jeweils nur ein oder zwei Dinge – frischen Fisch, Fleisch oder saisonales Gemüse – einzukaufen, die Sie dann immer wieder mit den Vorratsbeständen aus Reis oder Nudeln und aromatischen Gewürzen bzw. Fertigsaucen kombinieren können!

Bohnen und Linsen

Hülsenfrüchte aus dem Glas oder Tiefkühlregal sind rasch erhitzt und ergeben sättigende und nährstoffreiche Mahlzeiten. Experimentieren Sie mit verschiedenen Sorten. Borlottibohnen sind z.B. beige-schwarz gesprenkelt und werden beim Kochen hellbraun. Cannellinibohnen sind ungefähr so groß wie Kidneybohnen, aber weiß.

Die flachen, dunkelgrünen bis grauen Puy-Linsen gelten als die leckersten Linsen, da sie eine leicht pfefferige Note aufweisen und beim Garen ihre Form und etwas Biss behalten, wodurch sie sich einfacher verarbeiten lassen als andere Linsen. Sie sind in gut sortierten Reformhäusern und im Naturkosthandel erhältlich.

Nudeln, Reis, Quinoa und Polenta

Nudeln sind immer rasch gegart und ergeben eine hervorragende Beilage zu vielen Gerichten. Reis erfordert eine etwas längere Kochzeit – zur Not greifen Sie zu vorgegartem Instantreis. Asiatische Glas-, Reis- und Udon-Nudeln brauchen nur wenige Minuten und machen aus Suppen oder Wokgerichten eine bekömmliche und sättigende Mahlzeit.

Sehr nützlich für die einfache Küche ist Wildreis. Genau genommen handelt es sich dabei um eine Art Gras, dessen Samen zwar längere Garzeiten benötigen als herkömmlicher Reis, die Sie dafür aber mit einem köstlichen, leicht nussigen Geschmack belohnen. Wildreis ist recht teuer und wird daher oft mit weißem Reis gemischt angeboten.

Auch Quinoa sollte in Ihrem Vorratsschrank nicht fehlen: Dieses eiweißreiche Ur-Getreide ist leicht und schmackhaft und kann als Beilage oder in Hauptgerichten ebenso gut verwendet werden wie in Suppen und Salaten. Auch Desserts und Kuchen gelingen damit.

Die eigene Zubereitung von Polenta wird

durch Instant-Maisgrieß zur minutenschnellen Aktion verkürzt. Im gut sortierten Fein- oder Naturkosthandel sind auch küchenfertige Polentastücke zu haben.

Kräuter und Gewürze

Ein paar Kräutertöpfe – Basilikum, Petersilie und Koriander – auf der Fensterbank machen kaum Arbeit und ermöglichen jederzeit Garnierungen mit frischen Kräutern.

Thailändisches Basilikum unterscheidet sich stark von dem Basilikum, das wir meist verwenden. Es hat dunkelgrüne Blätter, violette Stängel und Blüten und ein kräftiges Aroma mit süßlicher, anisähnlicher Note. Thai-Basilikum wird in Asia-Märkten frisch als Bund oder Topfpflanze und teilweise auch als Kräuterpaste in Gläsern angeboten.

Spezielle Gewürzläden und viele große Supermärkte führen Gewürzmischungen, die Ihren einfachen Gerichten interessante neuartige Geschmacksrichtungen verleihen. Ras el Hanout besteht beispielsweise aus bis zu 21 Gewürzen und stammt aus der nordafrikanischen Küche. Das chinesische 5-Gewürze-Pulver enthält Sternanis, Szechuanpfeffer, Fenchel, Zimt und Nelken. Garam Masala ist eine indische Gewürzmischung, die in der Regel erst kurz vor dem Servieren zur Abrundung der Aromen untergerührt wird.

Sumach wird aus getrockneten Beeren hergestellt, die rund ums Mittelmeer heimisch sind. Das in Griechenland und der Türkei weit verbreitete Pulver hat einen fruchtig-säuerlichen Geschmack und kann durch abgeriebene Zitronenschale ersetzt werden.

Saucen und Pasten

Wenn Sie gern asiatisch würzen, sollten rote und grüne Thai-Currypasten und verschiedene Sojasaucen in Ihrem Vorratsschrank stehen.

Einige Rezepte in diesem Buch erfordern Teriyaki-Sauce. Diese Sauce ist im Asia-Markt erhältlich oder kann auch selbst zubereitet werden, indem man Sojasauce, Mirin (Reiswein), Zucker und Sake köcheln und eindicken lässt (s. S. 124).

Tahini ist eine dicke Paste aus gerösteten Sesamkörnern. Das Sesammus ist außer in Naturkostläden und Asia-Märkten auch im gut sortierten Feinkosthandel erhältlich.

Harissa ist eine sehr scharfe Chilipaste aus Nordafrika, die oft mit Couscous oder zu gegrilltem Fisch oder Fleisch gereicht wird.

Fleisch

Limabohnensuppe mit Speck

Für **4 Personen**
Zubereitungszeit **15 Minuten**
Kochzeit **24 Minuten**

2 EL **Olivenöl**
175 g **Schinkenspeck** in Scheiben, klein geschnitten
25 g **Butter**
1 **Zwiebel**, gehackt
2 **Knoblauchzehen**, grob gehackt
2 **Selleriestangen**, klein geschnitten
1 **Porreestange**, klein geschnitten
750 ml heiße **Fleisch- oder Gemüsebrühe**
1 Dose (400 g) **Limabohnen**, abgegossen und abgespült
2 große **Petersilienzweige**
3 **Thymianzweige**
2 **Lorbeerblätter**
100 g **Sahne**
Salz und Pfeffer

1 Esslöffel Öl in einem großen Topf erhitzen. Den Speck darin knusprig und goldbraun braten. Mit einem Schaumlöffel herausnehmen und auf Küchenpapier abtropfen lassen.

Die Butter und das restliche Öl in den Topf geben und bei mittlerer Hitze zerlassen. Zwiebel, Knoblauch, Sellerie und Porree darin unter häufigem Rühren 10 Minuten weich und goldgelb dünsten.

Brühe, Bohnen, Petersilie, Thymian und Lorbeer zugeben und würzen. Zum Kochen bringen, dann herunterschalten und 10 Minuten köcheln lassen. Vom Herd nehmen, die Kräuter entfernen und die Suppe glatt pürieren.

Die Sahne unterziehen. Alles abschmecken und mit knusprigem Speck bestreut servieren.

Für eine Borlottibohnen-Cremesuppe mit Räucherwurst den Schinkenspeck durch 250 g geräucherte Schweinswürstchen ersetzen und statt der weißen Bohnen eine Dose (400 g) Borlottibohnen verwenden. Die Sahne weglassen.

Salat mit Kalbsleber und Speck

Für **4 Personen**
Zubereitungszeit **10 Minuten**
Kochzeit **8–12 Minuten**

6 EL **Olivenöl**
375 g **Kalbsleber**, gepfeffert, gesalzen und bemehlt
250 g gekochte **neue Kartoffeln**, in Scheiben geschnitten
200 g **durchwachsener Schinkenspeck**, in Streifen geschnitten
3 **Schalotten**, in Ringe geschnitten
2 EL **Himbeeressig**
1 EL **körniger Senf**
1 **Friséesalat**, in Blätter zerteilt
Salz und Pfeffer

2 Esslöffel Öl in einer Pfanne erhitzen. Die Leber darin auf jeder Seite 1–2 Minuten braten. Auf Küchenpapier legen und warm halten.

1 Esslöffel Öl in die Pfanne geben und die Kartoffelscheiben darin unter gelegentlichem Wenden 4–5 Minuten knusprig und goldbraun braten. Ebenfalls auf Küchenpapier legen und warm halten.

1 Esslöffel Öl in die Pfanne geben und den Speck darin 2–3 Minuten anbraten. Dann die Schalotten zugeben und glasig dünsten.

Himbeeressig, Senf und das restliche Öl verquirlen.

Die Salatblätter auf Tellern anrichten. Kartoffeln und Speck mit den Schalotten darauf verteilen. Die Leber in dünne Streifen schneiden und auf die Salate geben. Mit dem Dressing beträufelt servieren.

Für einen Salat mit Geflügelleber, Champignons und Speck die Kalbsleber weglassen und direkt mit dem Braten der Kartoffeln beginnen. Bei der Zugabe der Schalotten zum Speck zusätzlich 100 g Champignons zufügen. Zum Schluss 375 g gewürfelte Geflügelleber braten. Wie oben beschrieben anrichten.

Thailändischer Rindfleischsalat

Für **4 Personen**
Zubereitungszeit **15 Minuten**
 plus Ruhezeit
Kochzeit **6–8 Minuten**

2 magere **Rumpsteaks**,
 je 150 g, Fett entfernt
150 g **Babymaiskolben**
1 große **Salatgurke**
1 kleine **rote Zwiebel**,
 fein gehackt
3 EL gehackter **Koriander**
4 EL **Reisweinessig**
4 EL **milde Chilisauce**
2 EL **Sesamkörner**, leicht
 geröstet, zum Garnieren

Die Steaks in der vorgeheizten Grillpfanne auf jeder Seite 3–4 Minuten braten. 10–15 Minuten ruhen lassen, dann in dünne Streifen schneiden.

Unterdessen die Maiskölbchen in kochendem Wasser 3–4 Minuten weich kochen. Unter kaltem Wasser abschrecken und gut abtropfen lassen.

Die Gurke längs halbieren und mit einem Löffel die Kerne entfernen. Die Gurkenhälften in dünne Scheiben schneiden.

Rindfleisch, Maiskölbchen, Gurkenscheiben, Zwiebel und Koriander in eine große Schüssel geben. Essig und Chilisauce zufügen und gut umrühren. Den Salat mit Sesam garniert servieren.

Für einen thailändischen Tofusalat die Steaks weglassen und stattdessen 500 g festen Tofu würfeln. In der Grillpfanne auf jeder Seite 2–3 Minuten erhitzen und goldbraun braten. Wie beschrieben mit den übrigen Zutaten mischen und garnieren.

Italienische Filetsteak-Päckchen

Für **4 Personen**
Zubereitungszeit **10 Minuten**
Kochzeit **20 Minuten**

1 EL **Olivenöl**
4 **Filetsteaks**, je 150 g
8 große quadratische Blätter **Filo-Teig**
150 g **Butter**, zerlassen
125 g **Büffel-Mozzarella**, in 4 Scheiben geschnitten
2 TL gehackter **Majoran**
2 TL gehackter **Oregano**
4 **getrocknete Tomaten**, in Streifen geschnitten
2 EL fein geriebener **Parmesan**
Salz und **Pfeffer**

Salat
150 g **Rucola**
125 g **Büffel-Mozzarella**, gewürfelt
½ **rote Zwiebel**, in feine Spalten geschnitten (optional)
2 reife **Flaschentomaten**, in Scheiben geschnitten

Das Öl in der vorgeheizten Pfanne erhitzen. Die Steaks darin auf jeder Seite 2 Minuten scharf anbraten (sie garen im Ofen weiter). Aus der Pfanne nehmen und beiseite stellen.

2 Teigblätter mit Butter bestreichen und übereinander auf eine Arbeitsfläche legen. Ein Steak in die Mitte des Teigs setzen, darauf eine Scheibe Mozzarella und je ein Viertel der Kräuter und der Tomatenstreifen geben. Würzen, dann die Teigränder nach oben zusammennehmen und verdrehen, um das Steak in einem Päckchen zu verschließen. Ein Viertel des Parmesans darüberstreuen. Mit den restlichen Steaks ebenso verfahren.

Im vorgeheizten Ofen bei 220 °C 15 Minuten knusprig und goldbraun backen. Aus dem Ofen nehmen und 2–3 Minuten ruhen lassen.

Die Salatzutaten mischen, abschmecken und zu den Päckchen servieren.

Für sommerliche Hähnchenpäckchen statt der Steaks 4 Hähnchenbrustfilets verwenden – diese müssen auf jeder Seite 5 Minuten angebraten werden. Für ein kräftigeres Aroma den Belag entweder durch 125 g Gorgonzola, 25 g grob gehackte Walnüsse und 2 Esslöffel grob gehackten Schnittlauch oder durch 125 g festen Ziegenkäse, 25 g entsteinte schwarze Oliven und 2 Esslöffel Basilikumstreifen ersetzen.

Malaiische Rindfleischspieße mit Erdnusssauce

Für **4 Personen**
Zubereitungszeit **10 Minuten**
Kochzeit **15 Minuten**

500 g **Rumpsteak**, in Streifen geschnitten
1 EL **Pflanzenöl**

Marinade
½ TL **Kurkuma**
1 TL gemahlener **Kreuzkümmel**
½ TL **Fenchelsamen**
1 **Lorbeerblatt**, in feine Streifen geschnitten
½ TL **Zimt**
75 ml **Kokoscreme**

Reis
250 g **Jasminreis**
200 ml **Kokosmilch**
½ TL **Salz**

Erdnusssauce
2 EL **Erdnussbutter** mit Stückchen
¼ TL **Cayennepfeffer**
1 EL **helle Sojasauce**
125 ml **Kokoscreme**
½ TL **Zucker**

Für die Marinade alle Zutaten in einer Schüssel verrühren. Die Fleischstreifen zugeben und gründlich mischen, dann auf Spieße stecken und zum Marinieren beiseite stellen.

Reis, Kokosmilch, Salz und 250 ml Wasser in einen Reiskocher oder einen Topf geben und bei schwacher Hitze abgedeckt 15 Minuten kochen, bis der Reis weich ist und die ganze Flüssigkeit aufgenommen hat.

Unterdessen die Zutaten für die Erdnusssauce und 3 Esslöffel Wasser in einen kleinen Topf geben und unter Rühren langsam erhitzen.

Das Öl in einer großen Pfanne erhitzen. Die Fleischspieße darin unter Wenden 5 Minuten braten und gleichmäßig bräunen. Sofort mit dem Reis und der Erdnusssauce servieren.

Für einen Bohnensprossen-Karotten-Salat als Beilage 4 Karotten grob reiben, 4 Frühlingszwiebeln grob hacken und alles mit 200 g Bohnensprossen vermengen und servieren.

Lammkoteletts mit Oliven-Couscous

Für **4 Personen**
Zubereitungszeit **25 Minuten**
plus Marinierzeit
Kochzeit **10–12 Minuten**

- 6 **Sardellenfilets** in Olivenöl, abgetropft und gehackt
- 2 EL **schwarze Oliventapenade**
- 2–3 **Thymianzweige**, Blätter abgezupft und gehackt
- 1 **Rosmarinzweig**, Blätter abgezupft und gehackt
- 2 **Lorbeerblätter**, zerbrochen
- 2–3 **Knoblauchzehen**, zerdrückt
- fein abgeriebene Schale von 1 unbehandelten **Zitrone**
- 4 EL **Weißwein**
- 125 ml **Olivenöl**
- 4 **Lammkoteletts**, je 150 g
- 300 g **Couscous**
- 2 EL **gesalzene Kapern** oder Kapern in Lake, abgegossen und abgespült
- 100 g pikant **eingelegte grüne Oliven**, gehackt
- 75 g **Rucola**, plus zusätzlichen zum Servieren
- 4 EL **Zitronensaft**, plus zusätzlichen zum Servieren
- **Salz und Pfeffer**

Die Sardellenfilets mit einer Gabel zerdrücken und in einer Schüssel mit der Tapenade mischen. Kräuter, Knoblauch, Zitronenschale, Wein und 4 Esslöffel Öl zufügen und gut verrühren. Auf die Lammkoteletts geben und einreiben. Abgedeckt bei Zimmertemperatur 1 Stunde marinieren.

Couscous und 2 Esslöffel Öl in einer Schüssel gut mischen. Mit Salz würzen und 400 ml kochendes Wasser zugeben. 5–8 Minuten ausquellen lassen.

Die Koteletts mit Pfeffer würzen und in der vorgeheizten Grillpfanne 2 Minuten braten. Mit etwas Salz bestreuen, wenden und die andere Seite ebenfalls 2 Minuten braten. Auf einen warmen Teller legen und mit Alufolie abgedeckt 5 Minuten ruhen lassen.

Den Couscous mit einer Gabel auflockern. Kapern, Oliven und Rucola untermischen. Mit dem Zitronensaft beträufeln und auf vorgewärmte Teller verteilen. Je ein Kotelett auf dem Couscous anrichten und mit dem Bratensaft beträufeln. Mit Rucola bestreuen, das restliche Öl und einen zusätzlichen Spritzer Zitronensaft darüberträufeln und mit Zitronenspalten garniert sofort servieren.

Für gebratene Lammstreifen 1½ Esslöffel Pflanzenöl in einem Wok erhitzen. 250 g in Streifen geschnittenes Lammfilet darin ein paar Minuten anbraten. Je 1 Esslöffel Austernsauce und thailändische Fischsauce, 1 zerdrückte Knoblauchzehe und 1 Esslöffel in dünne Ringe geschnittene rote Chili zugeben und 2 Minuten braten. Mit Minzeblättern garniert servieren.

Sri-lankisches Lammcurry

Für **4 Personen**
Zubereitungszeit **10 Minuten**
Kochzeit **28–33 Minuten**

500 g **Lammschulter oder -keule**, gewürfelt
2 **Kartoffeln**, geschält und in große Stücke geschnitten
4 EL **Olivenöl**
1 Dose (400 g) **Tomatenstücke**
Salz und Pfeffer

Currypaste
1 **Zwiebel**, gerieben
1 EL fein gehackter frischer **Ingwer**
1 TL fein gehackter **Knoblauch**
½ TL **Kurkuma**
1 TL gemahlener **Koriander**
½ TL gemahlener **Kreuzkümmel**
½ TL **Fenchelsamen**
½ TL **Kreuzkümmelsamen**
3 **Kardamomkapseln**, leicht zerstoßen
2 grüne **Chillies**, fein gehackt
5-cm-Stück **Zimtstange**
2 Stängel **Zitronengras**, in dünne Scheiben geschnitten

Für die Currypaste alle Zutaten in einer großen Schüssel verrühren – für eine mildere Variante die Chillies vor dem Hacken entkernen. Lammfleisch und Kartoffeln zugeben und gut mischen.

Das Öl in einem schweren Schmortopf erhitzen. Fleisch und Kartoffeln darin unter Rühren mit einem Holzlöffel 6–8 Minuten anbraten. Tomatenstücke und 150 ml Wasser zufügen, zum Kochen bringen und alles gut würzen. 20–25 Minuten köcheln lassen, bis die Kartoffeln weich sind und das Fleisch zart ist.

Dazu geröstetes Naan-Brot und nach Wunsch eine Schale Naturjoghurt reichen.

Für ein Rindfleisch-Kartoffel-Curry das Lammfleisch durch 500 g gewürfeltes Rumpsteak ersetzen. Wie oben beschrieben zubereiten und mit gehacktem Koriander bestreut servieren.

Lammrücken mit Rosmarinöl

Für **4 Personen**
Zubereitungszeit **10 Minuten**
Kochzeit **10–20 Minuten**

750 g **Lammrücken**,
  Fett entfernt
4 **Knoblauchzehen**,
  in Stifte geschnitten
einige kleine
  Rosmarinzweige
2 **rote Zwiebeln**, geviertelt
50 ml **Olivenöl**
1 EL gehackter **Rosmarin**
Salz und Pfeffer

Die Lammrücken rundum leicht einschneiden und mit Knoblauchstiften und Rosmarinzweigen spicken.

Das Fleisch in der vorgeheizten Grillpfanne unter gelegentlichem Wenden rundum 10 Minuten (englisch) oder bis zu 20 Minuten (durchgebraten) scharf anbraten.

Nach der Hälfte der Kochzeit die Zwiebeln zugeben und sehr scharf anbraten. Das Fleisch 5 Minuten ruhen lassen, dann aufschneiden.

Unterdessen Öl und Rosmarin in einem Mörser zerstoßen, damit sich die Aromen entfalten. Mit Salz und Pfeffer würzen.

Das Rosmarinöl über die Lammscheiben geben und sofort mit den gebratenen Zwiebeln servieren.

Dazu leicht in Öl geschwenkte Bandnudeln mit Parmesanspänen reichen.

Für Knoblauch-Kräuter-Lammkoteletts 4 Knoblauchzehen in Stifte schneiden und 8 Lammkoteletts damit spicken. Die Koteletts auf 8 Stücke Alufolie legen und 50 g Butter, 3 Esslöffel Zitronensaft und je 1 Esslöffel getrockneten Oregano und getrocknete Minze darauf verteilen. Mit Salz und Pfeffer würzen und in der Folie einwickeln. Im vorgeheizten Ofen bei 180 °C 1½–2 Stunden backen.

Gegrillte Lammspieße mit Fetasalat

Für **4 Personen**
Zubereitungszeit **8 Minuten**
Kochzeit **6–8 Minuten**

500 g **Lammkeule** oder **-schulter**, gewürfelt

Marinade
2 EL gehackter **Oregano**
1 EL gehackter **Rosmarin**
abgeriebene Schale von 1 **unbehandelten Zitrone**
2 EL **Olivenöl**
Salz und Pfeffer

Fetasalat
200 g **Fetakäse**, in Scheiben geschnitten
1 EL gehackter **Oregano**
2 EL gehackte **Petersilie**
abgeriebene Schale und Saft von 1 **unbehandelten Zitrone**
½ kleine **rote Zwiebel**, in feine Spalten geschnitten
3 EL **Olivenöl**

Die Marinadenzutaten in einer Schüssel verrühren. Das Fleisch zugeben, gründlich mischen und auf 4 Spieße stecken.

Den Feta auf einer großen Platte anrichten. Kräuter, Zitronenschale und Zwiebel darüberstreuen. Mit Zitronensaft und Olivenöl beträufeln und alles mit Salz und Pfeffer würzen.

Die Lammspieße in der Grillpfanne oder unter dem vorgeheizten Backofengrill unter häufigem Wenden 6–8 Minuten bräunen und fast durchbraten. Aus der Pfanne nehmen und 1–2 Minuten ruhen lassen.

Die Spieße neben dem Salat anrichten und den Bratensaft darüberträufeln. Dazu reichlich knuspriges Weißbrot reichen.

Für Schweinespieße mit Rotkohlsalat das Lammfleisch durch dieselbe Menge mageres Schweinefleisch ersetzen. Wie oben beschrieben marinieren und braten. Den Feta durch 250 g fein gehobelten Rotkohl ersetzen. Den Oregano weglassen und die Zitrone gegen eine Orange tauschen. Alle Salatzutaten mischen und vor dem Servieren 5 Minuten ziehen lassen

Aromatische Lammkoteletts

Für **4 Personen**
Zubereitungszeit **5 Minuten**
 plus Marinierzeit
Kochzeit **15 Minuten**

12 **Lammkoteletts**
4 **Süßkartoffeln**, mit der
 Schale vorgegart
Salz und Pfeffer
Rucola, zum Servieren

Marinade
fein abgeriebene Schale
 und Saft von ½
 unbehandelten Zitrone
2 **Knoblauchzehen**,
 zerdrückt
2 EL **Olivenöl**, plus
 zusätzliches zum
 Bestreichen
4 **Rosmarinzweige**,
 fein gehackt
4 **Sardellenfilets** in Olivenöl,
 abgetropft und fein gehackt
2 EL **Zitronensirup**

Alle Marinadenzutaten in einer Schüssel verrühren. Die Koteletts hineingeben, mit Salz und Pfeffer würzen, in der Mischung wenden und 15 Minuten marinieren.

Die Koteletts unter dem vorgeheizten Backofengrill auf jeder Seite 3–5 Minuten braten, kräftig bräunen und durchgaren. Warm halten.

Unterdessen die Süßkartoffeln vierteln und einen Teil des Fleisches entfernen. Die Schalen mit Öl bestreichen, mit Salz und Pfeffer würzen und unter dem Grill 15 Minuten knusprig backen. Mit Lammkoteletts und Rucola servieren.

Für Frikadellen mit Süßkartoffeln 500 g Schweinehackfleisch mit den Marinadenzutaten (die Sardellen weglassen) mischen. Die Masse mit den Händen zu kleinen Frikadellen formen und unter dem Backofengrill auf jeder Seite 5–6 Minuten bräunen und durchbraten. Wie oben mit knusprigen Süßkartoffeln und Rucola servieren.

Schweinefilet in Pilz-Rahmsauce

Für **4 Personen**
Zubereitungszeit **15 Minuten**
Kochzeit **15–17 Minuten**

4 EL **Olivenöl**
500 g **Schweinefilet**,
 in 5 mm dicke Scheiben geschnitten
300 g **Champignons**,
 in Stücke geschnitten
1 **unbehandelte Zitrone**
300 g **Crème fraîche**
2 **Estragonzweige**,
 Blätter abgezupft
Salz und Pfeffer

2 Esslöffel Öl in einem Topf auf mittlerer bis hoher Stufe erhitzen. Die Filetscheiben darin unter einmaligem Wenden 3–4 Minuten beidseitig bräunen. Mit einem Schaumlöffel herausnehmen.

Das restliche Öl in den Topf geben. Die Champignons zufügen und unter gelegentlichem Rühren 3–4 Minuten weich und goldbraun braten.

Die eine Hälfte der Zitrone in Scheiben schneiden, in den Topf geben und auf beiden Seiten leicht anbraten, dann herausnehmen und beiseite stellen.

Das Fleisch zurück in den Topf geben. Crème fraîche, Estragon und den Saft von der anderen Zitronenhälfte zufügen. Alles gut abschmecken und zum Kochen bringen. Herunterschalten und 5 Minuten köcheln lassen. Im letzten Moment die angebratenen Zitronenscheiben unterrühren.

Mit weißem Reis oder knusprigen Kartoffelecken servieren.

Für einen Erbsen-Couscous als Beilage 250 g Couscous mit 400 ml kochendem Wasser oder Gemüsebrühe übergießen und 5–8 Minuten ausquellen lassen. Mit einer Gabel auflockern und mit Salz und schwarzem Pfeffer würzen. 150 g tiefgefrorene extra-feine Erbsen 3 Minuten kochen, abgießen und unter den Couscous mischen. Vor dem Servieren noch eine Handvoll gehackten Schnittlauch und ein paar Stückchen Butter zugeben.

Rückensteaks in Cidre mit Pappardelle

Für **4 Personen**
Zubereitungszeit **8 Minuten**
Kochzeit **20 Minuten**

15 g **getrocknete Waldpilze**
3 EL **Olivenöl**
400 g **Schweinerückensteaks**
150 g **geräucherter Schinkenspeck**, in Streifen geschnitten
8 **Schalotten**, geviertelt
300 ml **trockener Cidre**
125 ml **Apfelessig**
2 **Thymianzweige**
1 **Lorbeerblatt**, zerbrochen
400 g **frische Pappardelle** oder breite Bandnudeln
200 g **Crème fraîche**
Salz und Pfeffer

Die Pilze 5–10 Minuten in 6 Esslöffeln kochendem Wasser einweichen.

Unterdessen das Öl in einer großen Pfanne auf mittlerer Stufe erhitzen. Steaks und Speck darin 3 Minuten bräunen. Die Schalotten zugeben und 2–3 Minuten goldbraun braten.

Cidre, Apfelessig, Thymian, Lorbeer und Pilze mitsamt Einweichwasser zufügen. Umrühren und alles gut würzen. Zum Kochen bringen, dann herunterschalten und abgedeckt 10–12 Minuten köcheln lassen, bis die Schalotten weich sind.

Unterdessen die Nudeln in leicht gesalzenem kochendem Wasser 3 Minuten oder gemäß Packungsanweisung garen. Abgießen und auf Teller verteilen.

Die Crème fraîche in die Fleischsauce einrühren und kurz hochschalten. Das Fleisch auf den Nudeln anrichten und die Sauce darübergeben. Sofort servieren

Für Wildgeschnetzeltes in Rotwein die Schweinekoteletts durch 4 in Streifen geschnittene Hirschkoteletts und den Cidre durch Rotwein ersetzen. Den Apfelessig weglassen. Wie oben beschrieben servieren.

Knusprige Parmaschinken-Päckchen

Für **4 Personen**
Zubereitungszeit **10 Minuten**
Kochzeit **4 Minuten**

8 Scheiben **Parmaschinken oder Prosciutto**
100 g **Blauschimmelkäse**, wie z. B. Roquefort, Gorgonzola oder Bergader, in dünne Scheiben geschnitten
1 TL gehackte **Thymianblätter**
1 **Birne**, geschält, entkernt und gewürfelt
25 g **Walnüsse**, gehackt

Zum Servieren
Brunnenkresseblätter, mit Olivenöl und Balsamico angemacht
1 **Birne**, geschält, entkernt und in Spalten geschnitten

Eine Scheibe Parmaschinken auf ein Brett legen, dann eine zweite Scheibe quer darauflegen, sodass ein Kreuz entsteht.

Ein Viertel des Käses in die Mitte des Schinkens setzen, mit etwas Thymian bestreuen und je ein Viertel der Birnenwürfel und der Walnüsse daraufgeben.

Die Seiten des Schinkens über die Füllung falten, sodass ein gut verschlossenes Päckchen entsteht. Mit den übrigen Zutaten ebenso verfahren.

Die Päckchen auf eine Alufolie setzen und unter dem vorgeheizten Backofengrill auf jeder Seite 2 Minuten knusprig braten (der Käse sollte an den Seiten herauszulaufen beginnen).

Sofort mit der angemachten Brunnenkresse und den Birnenspalten servieren.

Für Feigen mit Parmaschinken 8 frische Feigen vierteln, jedoch nicht ganz durchschneiden. 1 Teelöffel Dijonsenf mit 125 g Ricotta verrühren, mit Salz und Pfeffer würzen und über die Feigen geben. 85 g in Streifen geschnittenen Parmaschinken auf die Feigen verteilen und mit 2 Esslöffeln Balsamico beträufeln.

Zitronen-Thymian-Koteletts

Für **4 Personen**
Zubereitungszeit **20 Minuten**
Kochzeit **28–30 Minuten**

fein abgeriebene Schale von
  1 **unbehandelten Zitrone**
1 EL gehackter **Thymian**
2 EL **Olivenöl**
2 **Knoblauchzehen**,
  zerdrückt
4 **Schweinekoteletts**,
  je 200 g
1 kg **mehlig kochende
  Kartoffeln**, geschält und
  geviertelt
200 g **Sahne**
50 g **Butter**
Salz und Pfeffer
Thymian, Blätter oder
  Blüten, zum Garnieren

Zitronenschale, Thymian, Öl, Knoblauch und reichlich Pfeffer verrühren. Die Koteletts damit einreiben und beiseite stellen.

Unterdessen die Kartoffeln in leicht gesalzenem kochendem Wasser 20 Minuten weich kochen. Abgießen, zurück in den Topf geben und zerstampfen. Sahne, Butter sowie Salz und Pfeffer zugeben und mit dem Handrührgerät zu einem glatten Püree verarbeiten.

Eine Pfanne ohne Fett auf mittlerer bis hoher Stufe erhitzen. Die Koteletts darin auf jeder Seite 4–5 Minuten goldbraun braten.

Das Fleisch vom Herd nehmen und 1–2 Minuten ruhen lassen. Dann mit einigen Thymianblättern oder -blüten garnieren und mit dem Püree servieren.

Für ein Spinat-Parmesan-Kartoffelpüree 500 g Spinat kochen, abgießen und hacken. Die Kartoffeln mit Milch und Butter zerstampfen (Sahne weglassen). Spinat und 50 g frisch geriebenen Parmesan unterrühren.

Auberginen-Hackfleisch mit Reisnudeln

Für **4 Personen**
Zubereitungszeit **15 Minuten**
Kochzeit **15 Minuten**

500 g **Schweinehackfleisch**
250 g breite **Reisbandnudeln**
3 EL **Pflanzen- oder Erdnussöl**
1 große **Aubergine**, in 1 cm große Würfel geschnitten
2 EL **Korianderblätter**, plus zusätzliche zum Garnieren

Marinade
1 EL **dunkle Sojasauce**
3 EL **helle Sojasauce**, plus zusätzliche zum Servieren (optional)
1 EL **Speisestärke**
1 TL **Honig**
1 EL **Chilipaste**
2 TL fein gehackter **Knoblauch**
1 EL fein gehackter **Ingwer**

Für die Marinade alle Zutaten in einer Schüssel verrühren. Das Hackfleisch zufügen und gründlich vermengen. Beiseite stellen.

Die Nudeln in kochendem Wasser 2–3 Minuten oder gemäß Packungsanweisung garen. Abgießen.

Das Öl im Wok oder einer großen Pfanne stark erhitzen. Die Aubergine darin vorsichtig unter Rühren goldbraun und weich braten. Mit einem Schaumlöffel herausnehmen und auf Küchenpapier abtropfen lassen.

Bei Bedarf noch etwas Öl in den Wok geben. Das Hackfleisch zufügen und unter Rühren bräunen und gar braten. 75 ml Wasser zugießen und leicht köcheln lassen. Die Aubergine zurück in den Wok geben und erhitzen, dann den Koriander untermischen.

Das Auberginen-Hackfleisch auf den Nudeln anrichten. Mit einigen Korianderblättern bestreut und nach Wunsch mit etwas zusätzlicher heller Sojasauce beträufelt servieren.

Für Okra-Hackfleisch mit Reis statt der Nudeln 250 g Reis kochen und das Schweinehackfleisch durch dieselbe Menge Rinderhackfleisch ersetzen. Anstelle der Aubergine 200 g Okra in 1 cm dicke Scheiben schneiden und 5 Minuten anbraten. Wie oben beschrieben servieren.

Bœuf Stroganow

Für **4 Personen**
Zubereitungszeit **10 Minuten**
Kochzeit **15 Minuten**

2 EL **Paprikapulver**
1 EL **Mehl**
450 g **Rinderfilet**,
 in Streifen geschnitten
300 g **weißer Langkornreis**
25 g **Butter**
4 EL **Pflanzen- oder Sonnenblumenöl**
1 **große Zwiebel**, in dünne Spalten geschnitten
250 g **Maronenpilze**, in Scheiben geschnitten
300 g **saure Sahne**
Salz und Pfeffer
1 EL gehackte **krause Petersilie**, zum Garnieren

Paprika und Mehl in einer großen Schüssel mischen. Das Fleisch zugeben und rundum bestäuben.

Den Reis in leicht gesalzenem kochendem Wasser 15 Minuten bissfest garen. Abgießen und warm stellen.

Unterdessen Butter und 2 Esslöffel Öl in einer großen Pfanne zerlassen. Die Zwiebel darin 6 Minuten glasig dünsten. Die Pilze zufügen und 5 Minuten weich dünsten. Mit einem Schaumlöffel herausnehmen und beiseite stellen.

Das restliche Öl in die Pfanne geben und auf starke Hitze hochschalten. Das Fleisch darin rundum scharf anbraten, dann herunterschalten. Die Zwiebel-Pilz-Mischung zurück in die Pfanne geben und die saure Sahne unterrühren. Zum Kochen bringen, dann herunterschalten und 1–2 Minuten köcheln lassen. Alles gut abschmecken.

Sofort mit dem gekochten Reis und mit etwas Petersilie bestreut servieren.

Für ein vegetarisches Pilz-Paprika-Stroganow das Rindfleisch weglassen, die Menge der Maronen auf 500 g erhöhen und 2 rote Paprika in dünne Streifen schneiden. Die Pilze wie oben beschrieben mit der Zwiebel weich dünsten und aus der Pfanne nehmen. Dann die Paprika weich braten. Die Zwiebel-Pilzmischung zurück in die Pfanne geben und wie oben beschrieben fortfahren. Mit Pinienkernen bestreut servieren.

Schweinefilet mit grünem Pfeffer und Tagliatelle

Für 4 Personen
Zubereitungszeit **10 Minuten**
Kochzeit **20 Minuten**

350 g **getrocknete grüne Tagliatelle oder ähnliche Bandnudeln**
2 EL **Olivenöl**
500 g **Schweinefilet**, in Scheiben geschnitten
1 **Zwiebel**, fein gehackt
1 große **Knoblauchzehe**, gehackt
2 EL **Weinbrand**
75 ml **Weißwein**
2 EL **Rosinen**, in 50 ml warmem Apfelsaft eingeweicht
1 TL gehackter **Rosmarin**
1½ EL **grüne Pfefferkörner** in Lake, abgegossen und gehackt
3 **Wacholderbeeren** (optional)
250 g **Sahne**
Salz und Pfeffer

Die Nudeln in leicht gesalzenem kochendem Wasser gemäß Packungsanweisung garen.

Unterdessen das Öl in einer großen Pfanne erhitzen. Die Filetscheiben darin unter einmaligem Wenden 2 Minuten anbraten. Mit einem Schaumlöffel herausnehmen und beiseite stellen. Die Zwiebel in die Pfanne geben und 5 Minuten anbraten. Den Knoblauch zufügen und 1 Minute weich braten.

Weinbrand, Wein, Rosinen mitsamt Apfelsaft, Rosmarin, Pfefferkörner und Wacholderbeeren zugeben, zum Kochen bringen und bei starker Hitze 1–2 Minuten kochen lassen. Herunterschalten, die Sahne unterrühren und 5 Minuten köcheln lassen.

Das Fleisch zurück in die Pfanne geben und 3–5 Minuten garen. Mit den gekochten Nudeln mischen und sofort servieren.

Für Schweinefilet mit getrockneten Tomaten und Tagliatelle die Rosinen durch gehackte getrocknete Tomaten ersetzen. Diese brauchen nicht eingeweicht zu werden. Den Apfelsaft jedoch nicht komplett weglassen, sondern einfach zur selben Zeit mit in die Pfanne geben.

Hirschrücken mit Pfefferkruste

Für **4 Personen**
Zubereitungszeit **10 Minuten**
Backzeit **bis zu 45 Minuten**

750 g **Hirschrücken**
75 g **bunte Pfefferkörner**, zerstoßen
2 EL **Wacholderbeeren**, zerstoßen
1 **Eiweiß**, leicht verquirlt
Salz und Pfeffer

Den Hirschrücken ggf. halbieren, damit er auf den Rost des Backofengrills passt.

Pfeffer, Wacholder und etwas Salz in einer großen Schale mischen. Den Hirschrücken in das Eiweiß tauchen, dann gründlich in der Pfeffermischung wenden.

Den Rücken unter dem vorgeheizten Backofengrill auf den vier Seiten jeweils 4 Minuten grillen (dabei vorsichtig wenden, damit die Kruste nicht kaputt geht). In einen leicht gefetteten Bräter setzen und im vorgeheizten Ofen bei 200 °C weitere 15 Minuten (englisch) oder bis zu 30 Minuten (durchgebraten) backen. Die Backzeit ist von der Dicke des Fleisches abhängig.

Den Hirschrücken ein paar Minuten ruhen lassen, dann in dicke Scheiben schneiden und mit grünen Bohnen, rotem Johannisbeergelee und Süßkartoffelchips servieren.

Für Hirschsteaks nach chinesischer Art den Hirschrücken durch 4 Hirschsteaks (je 175 g) ersetzen. Pfefferkörner und Wacholderbeeren weglassen. Stattdessen eine Marinade aus 3 Esslöffeln Sojasauce, je 1 Esslöffel fein gehacktem Ingwer, Austernsauce und Reiswein, 2 zerdrückten Knoblauchzehen und 2 Esslöffeln Erdnussöl zubereiten. Die Steaks darin bis zu 1 Stunde marinieren, dann in der Grillpfanne auf jeder Seite 3–4 Minuten braten. Mit asiatischen Nudeln und Pak-Choi-Kohl servieren.

Penne mit Chorizo und Pimentón

Für **4 Personen**
Zubereitungszeit **15 Minuten**
Kochzeit **26 Minuten**

1 EL **Olivenöl**
200 g **Chorizo-Würstchen**, gewürfelt
1 **Zwiebel**, gehackt
2 **Knoblauchzehen**, gehackt
1 TL **scharfer Pimentón** (geräuchertes Paprikapulver)
1 EL **Kapern**
1 TL getrockneter **Oregano**
1 TL fein abgeriebene, unbehandelte **Zitronenschale**
1 Prise **Zucker**
150 g geröstete **rote Paprika**, in Streifen geschnitten
1 Dose (800 g) **Tomatenstücke**
350 g **getrocknete Penne**
Salz und Pfeffer

Zum Servieren
Chiliöl (optional)
4 EL geriebener **Parmesan**

Das Öl in einem großen Topf erhitzen. Den Chorizo darin 2 Minuten goldbraun braten. Zwiebel und Knoblauch zugeben und 5 Minuten glasig dünsten.

Pimentón unterrühren und 1 Minute anschwitzen. Kapern, Oregano, Zitronenschale, Zucker, Paprikastreifen und Tomaten zufügen. Zum Kochen bringen, dann herunterschalten und 15 Minuten köcheln lassen.

Unterdessen die Penne in leicht gesalzenem kochendem Wasser gemäß Packungsanweisung garen.

Die Nudeln abgießen und unter die Chorizo-Sauce mischen. Nach Wunsch mit etwas Chiliöl beträufeln und sofort mit frisch geriebenem Parmesan bestreut servieren.

Für Knoblauch-Oregano-Parmesan-Toasts als Beilage
ein Ciabatta-Brot waagerecht aufschneiden und dann halbieren. 1 zerdrückte Knoblauchzehe mit 1 Teelöffel getrocknetem Oregano und 2 Esslöffeln Olivenöl verrühren. Die Brotstücke damit beträufeln und mit je 1 Teelöffel fein geriebenem Parmesan bestreuen. Unter dem Backofengrill 3–4 Minuten goldbraun rösten.

Pizza nach Tartiflette-Art

Für **4 Personen**
Zubereitungszeit **20 Minuten** plus Ruhezeit
Kochzeit **23–25 Minuten**

1 Packung (290 g) **Pizzateigmischung**
25 g **Butter**
1 EL **Olivenöl**
200 g **geräucherte Bauch- oder Schinkenspeckwürfel**
2 **Zwiebeln**, in Spalten geschnitten
1 **Knoblauchzehe**, gehackt
200 g **Crème fraîche**
250 g **gekochte Kartoffeln**, in dünne Scheiben geschnitten
250 g **Reblochon-Käse**, in Scheiben geschnitten

Den Pizzateig gemäß Packungsanweisung zubereiten. Den Teil zu 4 Kugeln formen und ovalförmig ausrollen. Locker mit eingeölter Frischhaltefolie abgedeckt an einem warmen Ort ruhen lassen.

Butter und Öl in einer großen Pfanne erhitzen. Den Speck darin 3–4 Minuten knusprig braten. Zwiebeln und Knoblauch zufügen und anschließend bei mittlerer Hitze 5–6 Minuten glasig dünsten.

Je 1 Esslöffel Crème fraîche auf den Pizzaböden verstreichen. Die Kartoffeln darauf verteilen, die Speck-Zwiebel-Mischung darübergeben und mit dem Reblochon belegen. Im vorgeheizten Ofen bei 220 °C 15 Minuten goldgelb backen (der Käse sollte Blasen werfen).

Sofort servieren, nach Wunsch noch einen Löffel von der restlichen Crème fraîche daraufgeben.

Für eine Pizza mit Artischockenherzen und Gorgonzola die Kartoffeln durch 2 Dosen (je 475 g) Artischockenherzen, abgetropft und halbiert, ersetzen und anstelle des Reblochons Gorgonzola verwenden.

Geflügel

Limetten-Ingwer-Huhn mit Koriander

Für **4 Personen**
Zubereitungszeit
5–10 Minuten
Koch- und Backzeit
50 Minuten

3 **unbehandelte Limetten**
1-cm-Würfel **frischer Ingwer**, geschält und fein gerieben
4 EL fein gehackter **Koriander**, plus zusätzliche Blätter zum Servieren
2 TL **Pflanzenöl**
4 **Hähnchenschenkel**
300 g **Jasminreis**
Salz

Die Schale von 2 Limetten fein abreiben und diese Limetten halbieren. Limettenschale, Ingwer, Koriander und 1 Teelöffel Öl zu einer groben Paste verrühren.

Die Haut von den Hähnchenschenkeln vorsichtig anheben und die Ingwerpaste darunter schieben. Die Haut wieder zurückziehen, dann die Schenkel an den dicksten Stellen 3- bis 4-mal einschneiden und mit dem restlichen Öl bestreichen.

Mit der Fleischseite nach unten in einen Bräter legen, die Limettenhälften dazu geben und im vorgeheizten Ofen bei 220 °C unter gelegentlichem Begießen 45–50 Minuten backen (die Schenkel sind gar, wenn sich das Fleisch vom Knochen löst).

Unterdessen den Reis mit 400 ml kaltem Wasser in einen Topf geben und mit einem gut schließenden Deckel abgedeckt bei mittlerer Hitze 10 Minuten kochen, bis er das Wasser aufgenommen hat. Warm halten, bis die Schenkel fertig sind.

Den Reis in kleine Schalen oder Formen geben und auf Teller stürzen. Die Schenkel daneben anrichten, mit dem Saft der gerösteten Limetten beträufeln und mit Korianderblättern bestreuen. Sofort mit der restlichen Limette, in Spalten geschnitten, servieren.

Für mediterrane Hähnchenschenkel die Ingwerpaste durch Pesto ersetzen. Dafür 6 getrocknete Tomaten, 1 Esslöffel Pinienkerne, ½ Knoblauchzehe, 1 Esslöffel gehacktes Basilikum, 1 Teelöffel abgeriebene Zitronenschale, 1 Esslöffel Zitronensaft, 3 Esslöffel Olivenöl und 1 Esslöffel geriebenen Parmesan im Mixer zu einer glatten Paste verarbeiten.

Asia-Salat mit Hähnchenbrust

Für **4 Personen**
Zubereitungszeit **10 Minuten**
 plus Abkühlzeit
Kochzeit **8–10 Minuten**

4 **Hähnchenbrustfilets**,
 je 150 g
½ kleiner **Chinakohl**, in dünne
 Streifen geschnitten
1 große **Karotte**, gerieben
200 g **Bohnensprossen**
1 kleines Bund **Koriander**,
 fein gehackt
1 kleines Bund **Minze**,
 fein gehackt
1 **rote Chili**, entkernt und in
 dünne Ringe geschnitten
 (optional)

Dressing
125 ml **Sonnenblumenöl**
Saft von 2 **Limetten**
1½ EL **thailändische
 Fischsauce**
3 EL **helle Sojasauce**
1 EL fein gehackter
 frischer **Ingwer**

Die Hähnchenbrustfilets in einen Dämpfeinsatz legen und über köchelndes Wasser stellen. Dann abgedeckt 8 Minuten dämpfen. Alternativ 8–10 Minuten pochieren.

Unterdessen für das Dressing alle Zutaten in einer Schüssel verrühren.

Die leicht abgekühlten Filets dünn aufschneiden und mit 2 Esslöffeln des Dressings mischen. Vollständig abkühlen lassen.

Chinakohl, Karotte, Sprossen und Kräuter gut vermischen und auf Teller verteilen. Die kalten Hähnchenbrustscheiben darauf anrichten und sofort mit dem restlichen Dressing servieren.

Für einen Asia-Salat mit Garnelen und Erdnüssen
450 g mittelgroße rohe Garnelen abgedeckt im Dämpfeinsatz 2–3 Minuten rosa dämpfen. Den fertigen Salat mit ein paar Esslöffeln zerstoßenen ungesalzenen Erdnüssen bestreuen.

Hühnersuppe mit Frühlingsgemüse

Für **4 Personen**
Zubereitungszeit **10 Minuten** plus Ruhezeit
Kochzeit ca. **1¼ Stunden**

- 1 **Hähnchen** (1,5 kg)
- 1,5 l heiße **Hühnerbrühe**
- 2 **Schalotten**, halbiert
- 2 **Knoblauchzehen**
- 2 **Petersilienzweige**
- 2 **Majoranzweige**
- 2 **Zitronenthymianzweige**
- 2 **Karotten**, halbiert
- 1 **Porreestange**, in Ringe geschnitten
- 200 g junger **Brokkoli**
- 250 g **grüner Spargel**
- ½ kleiner **Wirsing**, in Streifen geschnitten

Das Hähnchen in einen großen Suppentopf geben und knapp mit Brühe bedecken. Schalotten, Knoblauch, Kräuter, Karotten und Porree zufügen. Bei starker Hitze zum Kochen bringen, dann herunterschalten und 1 Stunde köcheln lassen, bis das Fleisch vom Knochen fällt.

Das restliche Gemüse in den Topf geben und weitere 6–8 Minuten garen.

Den Herd ausschalten und alles 5–10 Minuten ruhen lassen. Huhn und Gemüse auf Schalen verteilen (nach Wunsch zuvor die Haut entfernen) und mit Brühe übergossen servieren. Dazu knuspriges Weißbrot reichen.

Für eine chinesische Hühnersuppe das ganze Gemüse und alle Kräuter weglassen. Stattdessen ein in Scheiben geschnittenes 8-cm-Stück frischen Ingwer, 2 in Scheiben geschnittene Knoblauchzehen, 1 Teelöffel Fünf-Gewürze-Pulver, 4–5 ganze Sternanise und 100 ml dunkle Sojasauce verwenden. Anstelle des Frühlingsgemüses Babymaiskolben und Zuckererbsen zufügen und wie oben beschrieben garen und servieren.

Zitronen-Chili-Huhn

Für **4 Personen**
Zubereitungszeit **25 Minuten**
plus Marinierzeit
Backzeit **45 Minuten**

1 **Hähnchen** (1,75 kg),
  in 8 Stücke zerteilt
8 **Knoblauchzehen**
4 **unbehandelte Zitronen**,
  ausgepresst, Schale
  aufbewahren
1 kleine **rote Chili**, entkernt
  und gehackt
2 EL **Lindenblütenhonig**
4 EL gehackte **Petersilie**,
  plus zusätzliche Zweige
  zum Garnieren
Salz und Pfeffer

Die Hähnchenteile in eine Auflaufform legen. 2 Knoblauchzehen zerdrücken, mit Zitronensaft, Chili und Honig gut verrühren und darübergeben. Die Zitronenschalen zwischen die Hähnchenteile drücken. Abgedeckt im Kühlschrank unter ein- bis zweimaligem Wenden mindestens 2 Stunden oder über Nacht marinieren.

Vor dem Backen die Hühnerteile mit der Haut nach oben legen und mit den restlichen ganzen Knoblauchzehen bestreuen. Die Zitronenschalen mit der Schnittfläche nach unten darauflegen.

Im vorgeheizten Ofen bei 200 °C 45 Minuten goldbraun und gar backen. Petersilie unterrühren und alles abschmecken. Mit Petersilienzweigen garniert servieren.

Für einen Korianderreis mit Erbsen als Beilage

250 g tiefgefrorene Erbsen 3 Minuten kochen, abgießen und mit 2 gehackten Frühlingszwiebeln und 1 Handvoll gehacktem Koriander in 50 g zerlassener Butter schwenken. Unter den gekochten Reis mischen und servieren.

Hähnchenbrust mit Gewürzreis

Für **4 Personen**
Zubereitungszeit **5 Minuten**
Kochzeit **30–35 Minuten**

4 **Hähnchenbrustfilets**, je 150 g
4 EL **Olivenöl**
1 **Zwiebel**, fein gehackt
2 **Knoblauchzehen**, zerdrückt
2 TL **Zimt**
1 TL gemahlener **Piment**
¼ TL **Cayennepfeffer**
1 TL **Salz**
¼ TL gemahlene **Nelken**
½ TL geriebener **Muskat**
½ TL gemahlener **Ingwer**
½ TL gemahlener schwarzer **Pfeffer**
300 g **Langkornreis**
750 ml **heiße Hühnerbrühe**
2 EL fein gehackte **Petersilie**, zum Garnieren

Die Hähnchenbrustfilets mit 1 Esslöffel Öl bestreichen und in der Grillpfanne oder unter dem vorgeheizten Backofengrill auf jeder Seite 1 Minute goldbraun grillen, aber nicht durchbraten. Beiseite stellen.

Das restliche Öl in einem Schmortopf auf mittlerer Stufe erhitzen. Zwiebel darin 5–6 Minuten glasig dünsten. Knoblauch zugeben und 1 Minute andünsten. Dann die Gewürze zufügen und unter häufigem Rühren 2 Minuten anschwitzen.

Den Reis in die Gewürzmischung geben und gut unterrühren. Die Brühe zugießen und die Hähnchenbrustfilets zugeben. Zum Kochen bringen, herunterschalten und mit einem gut schließenden Deckel abgedeckt bei mittlerer bis schwacher Hitze 15–20 Minuten köcheln lassen, bis Fleisch und Reis gar sind.

Mit Petersilie bestreut servieren

Für ein Brathähnchen mit Gewürzreisfüllung den Reis wie oben beschrieben zubereiten, jedoch nur 10 Minuten garen. Abgießen, dabei die Brühe auffangen. Ein Hähnchen (1,5 kg) mit dem Reis füllen, in einen Bräter legen, würzen und mit der aufgefangenen Brühe sowie 150 ml Weißwein angießen. Abgedeckt im Ofen bei 190 °C 1¼ Stunden braten. Abdeckung entfernen, mit dem Bratensaft übergießen und weitere 30 Minuten knusprig braten.

Hähnchenschnitzel alla Milanese

Für **4 Personen**
Zubereitungszeit **12 Minuten**
Kochzeit **20 Minuten**

1 kg **mehlig kochende Kartoffeln**, geschält und halbiert
4 **Hähnchenbrustfilets**, je 150 g
2 kleine **Eier**, verquirlt
3 EL **Olivenöl**
150 g **Butter**
4 reife **Tomaten**, grob gewürfelt
2 EL **Kapern** in Lake, abgegossen und abgespült
4 EL **Weißwein**
4 EL **Zitronensaft**
100 g **Rucola**
Salz und Pfeffer

Panade
2 TL getrockneter **Oregano**
100 g **Semmelbrösel**
½ TL **Knoblauchpulver**
fein abgeriebene Schale von 1 unbehandelten **Zitrone**
50 g **Parmesan**, fein gerieben

Die Kartoffeln in leicht gesalzenem kochendem Wasser 20 Minuten weich kochen.

Unterdessen die Zutaten für die Panade mischen und auf einen Teller geben. Die Hähnchenbrustfilets zwischen 2 Lagen Frischhaltefolie mit einem Nudelholz oder Fleischhammer flach klopfen. Dann in die Eier tauchen, in der Panade wenden und gut andrücken.

Das Öl in einer großen Pfanne erhitzen. Die Schnitzel darin auf jeder Seite 2 Minuten goldbraun und gar braten. Aus der Pfanne nehmen und warm halten.

Die Hälfte der Butter in die Pfanne geben. Tomaten, Kapern und Weißwein zufügen und alles würzen. 2–3 Minuten köcheln lassen.

Kartoffeln abgießen und mit Zitronensaft, der restlichen Butter sowie Salz und Pfeffer zerstampfen. Auf Teller verteilen und die Schnitzel darauf anrichten. Den Rucola zügig unter die Tomaten rühren und etwas von dieser Mischung auf die Schnitzel geben. Sofort servieren.

Für einen Spinat mit Rosinen und Pinienkernen als Beilage 50 g Butter, 1 gehackte Zwiebel und je 4 Esslöffel Rosinen und Pinienkerne in einem großen Topf anschwitzen. 1 kg Spinat mit 3 Esslöffeln Wasser zugeben und abgedeckt unter gelegentlichem Schütteln des Topfs 3–5 Minuten zerfallen lassen. Gut umrühren und servieren.

Pikante Honig-Hähnchenbrust

Für **4 Personen**
Zubereitungszeit **8 Minuten**
Backzeit **20–25 Minuten**

4 **Hähnchenbrustfilets** mit Haut, je 150 g

Gewürzhonig
2 EL **Mango-Chutney**
1 EL **Honig**
2 TL **Worcestersauce**
1 TL **Knoblauchpulver**
1 TL **Piri-Piri-Sauce**
2 EL **Rotweinessig**
2 TL **körniger Senf**
Salz und Pfeffer

Die Hähnchenbrustfilets mit einem scharfen Messer auf der Hautseite 3- bis 4-mal leicht einschneiden, dann in eine Auflaufform legen.

Alle Zutaten für den Gewürzhonig verrühren, über die Filets geben und diese rundum mit der Mischung benetzen.

Die Filets im vorgeheizten Ofen bei 220 °C 20–25 Minuten gar und knusprig backen.

Vor dem Servieren ein paar Minuten ruhen lassen. Zu den Hähnchenbrustfilets nach Wunsch gebratene Kartoffelstifte reichen.

Für eine Kräuterhonig-Hähnchenbrust den Gewürzhonig durch einen Kräuterhonig ersetzen. Dafür 2 Esslöffel Honig, 2 Esslöffel Apfelessig und je 1 Esslöffel gehackten Thymian, Estragon und Salbei verrühren. Wie oben beschrieben über die Filets geben und braten. Mit gebratenen Süßkartoffelstiften servieren.

Knusprige Entenbrust mit Ingwer

Für **4 Personen**
Zubereitungszeit **10 Minuten**
Kochzeit **24–26 Minuten**

1 TL **Pflanzenöl**
4 **Entenbrustfilets**, Haut mehrfach eingeschnitten
350 g **Blattkohl**, z. B. Choi-Sum, in Streifen geschnitten
1 EL **Balsamico**
1 Stück **Ingwer in Sirup**, gehackt
50 ml **starker Orangentee mit Zimt** (oder anderer Zitrusfrüchtetee)
½ TL **bunte Pfefferkörner**, zerstoßen
Salz

Das Öl in einer Pfanne auf mittlerer Stufe erhitzen. Die Entenbrustfilets darin auf der Hautseite 15 Minuten richtig knusprig braten. Überschüssiges Fett aus der Pfanne gießen, die Filets wenden und weitere 5 Minuten braten. Aus der Pfanne nehmen und warm halten.

Den Blattkohl in einen Dämpfeinsatz geben, über kochendes Wasser stellen und 2–3 Minuten dämpfen.

Die restlichen Zutaten in die Pfanne geben und nach Geschmack salzen. Gut umrühren und 2–3 Minuten köcheln lassen.

Die Entenbrustfilets mit dem gedämpften Blattgemüse und mit der Sauce übergossen servieren.

Für eine Entenbrust mit Sherry-Limetten-Sauce
Balsamico, Ingwer und Tee weglassen und stattdessen eine Sauce aus je 4 Esslöffeln trockenem Sherry und Limettenmarmelade zubereiten. Vor dem Servieren eine Handvoll gehackte Minze über den Blattkohl streuen.

Thai-Hühnercurry im Salatblatt

Für **4 Personen**
Zubereitungszeit **10 Minuten**
Kochzeit **15 Minuten**

1 TL **Pflanzenöl**
2 **Hähnchenbrustfilets**, je 150 g, in Streifen geschnitten
1 EL **rote oder grüne thailändische Currypaste**
1 Dose (400 ml) **Kokosmilch**
250 g **Basmatireis**
3 EL frisch gehackter **Koriander**
3 **Frühlingszwiebeln**, in Streifen geschnitten
4 **Romanasalatherzen**, in Blätter zerteilt
Saft und Schale von **1 unbehandelten Limette**

Das Öl in einer beschichteten Pfanne erhitzen. Das Hähnchenfleisch darin 2 Minuten anbraten.

Die Currypaste zugeben und 1 Minute anschwitzen. Dann die Hälfte der Kokosmilch zugießen, zum Kochen bringen und 10 Minuten köcheln lassen.

Unterdessen den Reis mit der restlichen Kokosmilch und 100 ml Wasser in einem Topf zum Kochen bringen. Herunterschalten und abgedeckt 10–12 Minuten köcheln lassen, bis der Reis die ganze Flüssigkeit aufgenommen hat. Abschalten und den Koriander unterrühren.

Jeweils etwas Reis, Hähnchen und Frühlingszwiebeln auf den Salatblättern anrichten und mit Limettenschalstreifen garnieren. Vor dem Verzehr mit Limettensaft beträufeln.

Für eine chinesische Hühnerpfanne 300 g Hähnchenstreifen mit 1 Esslöffel gehacktem Knoblauch 1 Minute in 50 ml Pflanzenöl im Wok anbraten. 150 g grüne Paprikastreifen und 5 entkernte, in Ringe geschnittene rote Chillies zufügen und 1 Minute mitbraten. Dann 75 g in Spalten geschnittene Zwiebel, 1 Esslöffel Austernsauce, 1 Teelöffel Fischsauce, ½ Teelöffel helle Sojasauce und ¼ Teelöffel dunkle Sojasauce zugeben. Unter Rühren gar braten und sofort servieren.

Feldsalat mit geräucherter Entenbrust

Für **4 Personen**
Zubereitungszeit **15 Minuten**

150 g **Feldsalat**
1½ **Orangen oder Blutorangen**, filetiert
100 g **geräucherte Entenbrust**, dünn aufgeschnitten
Kerne von 1 **Granatapfel**
50 g **Pistazienkerne**

Dressing
Saft von ½ **Blutorange**
1 kleine **Schalotte**, fein gehackt
1 EL **Rotweinessig**
1 TL **körniger Senf**
4 EL **Olivenöl**

Den Feldsalat auf 4 Teller verteilen. Orangenfilets und Entenbrustscheiben darauf anrichten. Granatapfelkerne und Pistazien darüberstreuen.

Für das Dressing die Zutaten in ein Schraubglas geben und durch Schütteln gut mischen. Das Dressing über den Salat träufeln. Sofort servieren.

Für einen Brunnenkressesalat mit Entenbrust, Cranberrys und Pekannüssen den Feldsalat durch Brunnenkresse ersetzen und statt der Granatapfelkerne und Pistazien 4 Esslöffel getrocknete Cranberrys und 50 g gehackte Pekannüsse verwenden.

Überbackene Puten-Burritos

Für **4 Personen**
Zubereitungszeit **12 Minuten**
Koch- und Backzeit
   30–33 Minuten

4 EL **Pflanzenöl**
500 g **Putenbrust**, in dünne Streifen geschnitten
1 große **Zwiebel**, in Spalten geschnitten
1 **rote Paprika**, in dünne Streifen geschnitten
1 **gelbe Paprika**, in dünne Streifen geschnitten
1 Dose (150 g) **rote Kidneybohnen**, abgespült und abgetropft
150 g **gekochter Reis**
Saft von 1 **Limette**
8 mittelgroße **Weizentortillas**
6 EL **küchenfertige mittelscharfe Salsa**
2 EL **eingelegte Jalapeño-Chilischeiben** (optional)
250 g **Gouda**, gerieben
Salz und Pfeffer

Zum Servieren
Guacamole
½ Kopf **Eisbergsalat**, in Streifen geschnitten

2 Esslöffel Öl in einer großen Pfanne erhitzen. Die Putenstreifen darin unter Rühren 3–4 Minuten anbraten und leicht bräunen. Mit einem Schaumlöffel herausnehmen. Hochschalten und das restliche Öl in die Pfanne geben. Zwiebel und Paprika darin 5–6 Minuten anbraten – dabei nur gelegentlich umrühren, damit sie schnell bräunen, ohne zu weich zu werden.

Herunterschalten und das Putenfleisch zurück in die Pfanne geben. Bohnen und Reis unterrühren. Alles gut abschmecken, mit Limettensaft beträufeln und vom Herd nehmen. Die Füllung auf die Tortillas verteilen, die Tortillas aufrollen und dann nebeneinander in eine Auflaufform schichten.

Die Salsa darübergeben. Mit Jalapeño-Chillies und Gouda bestreuen. Im vorgeheizten Ofen bei 200 °C 20 Minuten überbacken (der Käse sollte geschmolzen sein). Mit Guacamole und Eisbergsalat servieren.

Für eine scharfe Tomatensalsa als Beilage 500 g Tomaten, 1 scharfe rote Chili, 1 Knoblauchzehe und 1 kleine Zwiebel hacken. Je 2 Esslöffel Tomatenmark, Rotweinessig und Zucker zugeben. Alles gut verrühren. Alternativ alle Zutaten im Mixer fein hacken.

Gebratene Stubenküken mit Oregano

Für **4 Personen**
Zubereitungszeit **10 Minuten**, plus Ruhezeit
Backzeit **55 Minuten**

50 g **Butter**
fein abgeriebene Schale von 1 **unbehandelten Zitrone**
2 EL gehackter **Oregano**
1 große **Knoblauchzehe**, zerdrückt
2 **Stubenküken**, je 500 g
150 g **gemischte Blattsalate**, z. B. Mesclun
Salz und Pfeffer

Butter, Zitronenschale, Oregano, Knoblauch sowie Salz und Pfeffer mit einer Gabel mischen. Die Haut der Stubenküken anheben und die gewürzte Butter darunter schieben oder alternativ die Butter außen auf die Kükenhaut streichen.

Die Küken nebeneinander in einen Bräter setzen und im vorgeheizten Ofen bei 220 °C unter gelegentlichem Begießen 55 Minuten knusprig, goldbraun und gar braten. Aus dem Ofen nehmen und 5 Minuten ruhen lassen.

Die Küken auf ein Brett legen und mit einem langen scharfen Messer vorsichtig längs halbieren. Sofort mit den Blattsalaten servieren.

Für ein klassisches Kartoffelgratin als Beilage, das gleichzeitig mit den Stubenküken gebacken werden kann, 750 g Kartoffeln schälen, in dünne Scheiben schneiden, 1–2 Minuten in kochendem Salzwasser blanchieren, abgießen und in eine große Auflaufform geben. Mit 2 fein gehackten Knoblauchzehen bestreuen und mit Salz, Pfeffer und etwas Muskat würzen. 350 g Sahne darübergießen und 50 g Butter in Flöckchen daraufsetzen. Im Backofen 45 Minuten backen, bis die Kartoffeln sich weich stechen.

Scharfe Enten-Kokos-Nudeln

Für **4 Personen**
Zubereitungszeit **10 Minuten**
Kochzeit **15 Minuten**

4 **vorgebratene Entenkeulen**
250 ml **Kokosmilch**
200 ml **Hühnerbrühe**
2 EL **thailändische Fischsauce**
3 ganze **Sternanisfrüchte**
1 gehäufter TL **Cayennepfeffer**
25 g **frischer Ingwer**, in dünne Scheiben geschnitten
1 kleines Bund **Koriander**, gehackt
Saft von 2 **Limetten**
250 g **Reisbandnudeln**
4 EL **Kokosspäne**, geröstet
50 g **Cashewkerne**, geröstet

Eine große Pfanne erhitzen. Die Entenkeulen darin mit der Hautseite nach unten auf mittlerer Stufe 10 Minuten goldbraun und knusprig braten. Wenden und weitere 2–3 Minuten braten und durcherhitzen. Auf Küchenpapier abtropfen lassen, dann das Fleisch entbeinen und in kleine Stücke zupfen oder schneiden.

Unterdessen Kokosmilch, Brühe, Fischsauce, Sternanisfrüchte, Cayennepfeffer, Ingwer und die Hälfte des Korianders in einem Topf aufkochen. 10 Minuten köcheln lassen, damit sich die Aromen entfalten können. Limettensaft unterrühren.

Die Nudeln in ungesalzenem kochendem Wasser 3 Minuten oder gemäß Packungsanweisung garen. Abgießen und auf Suppenschalen verteilen.

Das Entenfleisch darüberstreuen und die Kokosbrühe darübergießen. Mit Kokosspänen, Cashewkernen und dem restlichen Koriander bestreut sofort servieren.

Für scharfe Garnelen-Kokos-Nudeln die Entenkeulen weglassen und stattdessen 400 g rohe Garnelen mit 25 g frisch geriebenem Ingwer, 1 zerdrückten Knoblauchzehe, 1 frisch gehackten roten Chili und 1 Esslöffel Pflanzenöl mischen. Den Wok sehr stark erhitzen, 1 Esslöffel Pflanzenöl hineingeben und die Garnelen darin unter Rühren 2–3 Minuten rosa und gar braten. Mit den Nudeln und etwas scharfer Kokosbrühe anrichten und wie oben mit Cashewkernen und Koriander bestreut servieren.

Spinat-Hühnerpfanne mit Chermoula

Für **4 Personen**
Zubereitungszeit **12 Minuten**
Kochzeit **25 Minuten**

- 4 **Hähnchenbrustfilets**, je 175 g, in große Stücke geschnitten
- 2 EL **Olivenöl**
- 1 große **rote Zwiebel**, in Spalten geschnitten
- 1 Dose (400 g) **Kichererbsen**, abgespült und abgetropft
- 8 **getrocknete Aprikosen**, in Streifen geschnitten
- 1 Prise **Safran**
- 200 g **Spinat**, entstielt
- ½ kleine **eingelegte Zitrone**, fein gewürfelt (optional)
- 1 kleines Bund **Koriander**, grob gehackt
- 1 kleines Bund glatte **Petersilie**, grob gehackt

Chermoula
- 3 EL **Chermoula-Gewürzmischung**
- 1 TL **Harissa**
- Saft von 1 **Zitrone**
- 100 ml **Olivenöl**

Für die Chermoula alle Zutaten in ein Schraubglas geben und durch Schütteln mischen. Die Hälfte mit den Hähnchenbruststücken mischen und beiseite stellen.

Das Öl in einer großen Pfanne auf mittlerer Stufe erhitzen. Die Zwiebel darin 8 Minuten weich und goldbraun braten. Hochschalten, die Hähnchenstücke zugeben und unter häufigem Rühren 12 Minuten braten. Kichererbsen, Aprikosen, Safran und die restliche Chermoula untermischen und weitere 3–4 Minuten braten (das Fleisch sollte durch sein).

Den Spinat unterrühren und kurz zerfallen lassen, dann Zitrone und Kräuter zufügen. Auf warmem Pita- oder Fladenbrot servieren.

Für eine selbstgemachte Chermoula-Gewürzmischung

2 Teelöffel gemahlenen Kreuzkümmel, 2 Teelöffel gemahlenen Koriander, 1 Teelöffel Kurkuma, 1 Teelöffel Salz und 1 Teelöffel gemahlenen schwarzen Pfeffer mischen.

Putensalat-Tacos mit Kürbiskernen

Für **4 Personen**
Zubereitungszeit **12 Minuten**
Kochzeit **6 Minuten**

3 EL **Sonnenblumenöl**
400 g **Putenhackfleisch**
1 EL **eingelegte Jalapeño-Chillies**, in Scheiben geschnitten
1 kleine Dose (200 g) **Mais**, abgetropft
1 reife **Avocado**, entsteint, geschält und gewürfelt
2 reife **Tomaten**, gewürfelt
1 kleine **rote Zwiebel**, fein gewürfelt
1 Bund **Koriander**, gehackt
Salz und Pfeffer

Dressing
Saft von 2 **Limetten**
1 TL **Honig**
4 EL **Kürbiskernöl**

Zum Servieren
4 **Taco-Schalen**
½ kleiner **Rotkohl**, in Streifen geschnitten
250 g **Büffel-Mozzarella**, gewürfelt
3 EL **Kürbiskerne**, zum Bestreuen

Für das Dressing alle Zutaten in einer kleinen Schüssel verrühren. Abschmecken und beiseite stellen.

Das Öl in einer großen Pfanne erhitzen. Das Hackfleisch darin 5–6 Minuten braten und leicht bräunen. In eine Schüssel geben, mit der Hälfte des Dressings mischen und vollständig abkühlen lassen.

Chillies, Mais, Avocado, Tomaten, Zwiebel, Koriander und das restliche Dressing mischen.

Das kalte Hackfleisch zugeben und alles gut umrühren. In den Taco-Schalen anrichten und mit Rotkohl und Mozzarella, mit Kürbiskernen bestreut, servieren.

Für Pute auf einem Weißkohl-Sonnenblumenkern-Salat das Kürbiskernöl in der Marinade durch Olivenöl und den Rotkohl durch Weißkohl ersetzen. Statt des Mozzarellas fein gewürfelten Gruyère oder Gouda und statt der Kürbiskerne Sonnenblumenkerne verwenden. Die Tacos weglassen und die Putenmischung auf dem Weißkohlsalat anrichten.

Teigtaschen mit Puten-Pilz-Füllung

Für **4 Personen**
Zubereitungszeit **8 Minuten**, plus Einweichzeit
Koch- und Backzeit **29–32 Minuten**

25 g getrocknete **Waldpilze**
4 EL **Olivenöl**
450 g **Putenbrust**, in Streifen geschnitten
100 g **Prosciutto**, in Stücke gezupft
200 g **Champignons**, in Scheiben geschnitten
100 ml **Rotwein**
1 TL gehackter **Thymian**
250 g **Mascarpone**
500 g **Blätterteig** (Tiefkühlware aufgetaut)
1 Ei, **verquirlt**
Salz und Pfeffer
Brunnenkresse, zum Garnieren

Die Waldpilze in 4 Esslöffeln kochendem Wasser 5–10 Minuten einweichen.

2 Esslöffel Öl in einer Pfanne erhitzen. Das Putenfleisch 2–3 Minuten anbraten. Prosciutto zugeben und 2 Minuten anbraten. Champignons und Waldpilze zugeben und 3–4 Minuten weich und goldbraun braten.

Wein und Thymian zugeben, 2–3 Minuten köcheln lassen. Vom Herd nehmen, den Mascarpone unterrühren und alles abschmecken.

Den Blätterteig dünn rechteckig ausrollen und in 4 Stücke schneiden. Je ein Viertel der Pilzmischung in die Mitte der Teigstücke geben. Den Rand mit verquirltem Ei bestreichen, den Teig über die Füllung falten und die Ränder fest zusammendrücken.

Die Teigtaschen mit dem restlichen Ei bestreichen, nach Wunsch auf der Oberseite rautenförmig einschneiden und im vorgeheizten Ofen bei 200 °C 20 Minuten goldbraun und knusprig backen. Mit Brunnenkresse garniert servieren.

Für eine Puten-Pilz-Pastete die Weinmenge auf 300 ml erhöhen und 5 Minuten köcheln lassen. Die Füllung wie oben fertig stellen. Den Blätterteig durch ungesüßten Mürbeteig ersetzen: Den Teig auf einen 22-cm-Kreis ausrollen. Aus dem Rest einen 1 cm breiten Teigstreifen schneiden und rund um den Rand einer runden Auflaufform legen. Die Füllung in die Form geben, den Teigdeckel daraufgeben und andrücken. Mit Ei bestrichen im vorgeheizten Ofen bei 200 °C 20 Minuten backen. Auf 180 °C herunterschalten und weitere 10–15 Minuten backen.

Baskischer Hühnertopf

Für **4 Personen**
Zubereitungszeit **12 Minuten**
Kochzeit **45–47 Minuten**

- 1 kg **Hühnerschenkel und -keulen**
- 1 EL **Mehl**, gesalzen und gepfeffert
- 3 EL **Olivenöl**
- 1 **Zwiebel**, in Spalten geschnitten
- 1 **rote Paprika**, in Streifen geschnitten
- 1 **grüne Paprika**, in Streifen geschnitten
- 2 **Knoblauchzehen**, zerdrückt
- 1 TL **Paprikapulver**
- 1 TL **scharfer Pimentón** (geräuchertes Paprikapulver)
- 100 g **Prosciutto**, in Stücke gezupft
- 75 ml **Marsala**
- 150 ml **Weißwein**
- 1 Dose (400 g) **Tomatenstücke**
- 1 TL getrockneter **Thymian**
- **Salz und Pfeffer**

Die Hühnerschenkel und -keulen mit dem Mehl bestäuben. Das Öl in einem großen Schmortopf auf hoher Stufe erhitzen und die Hühnerteile darin goldbraun anbraten. Aus dem Topf nehmen und beiseite stellen.

Herunterschalten, Zwiebel und Paprikastreifen in den Topf geben und unter häufigem Rühren 4–5 Minuten weich und goldbraun braten. Knoblauch, Paprikapulver, Pimentón und Prosciutto unterrühren und 1–2 Minuten angehen lassen.

Die Hühnerteile zurück in den Topf geben. Marsala, Weißwein, 100 ml Wasser, Tomaten und Thymian zufügen. Alles abschmecken und zum Kochen bringen, dann herunterschalten und abgedeckt 30–35 Minuten köcheln lassen, bis das Fleisch gar und die Sauce dickflüssig ist.

Die Hühnerteile mit viel Sauce übergossen servieren.

Für eine gebratene Oliven-Polenta als Beilage

2 Pakete (je 500 g) verzehrfertige Polenta in 2 cm dicke Scheiben schneiden. Die Polentascheiben in Olivenöl anbraten und mit 2 Esslöffeln gehackten schwarzen Oliven und 1 Teelöffel frisch gehackter Petersilie bestreuen. Gegen Ende der Bratzeit 1 zerdrückte Knoblauchzehe zugeben und kurz mit anbraten. Zum Hühnertopf servieren.

Fisch

Gebratene Schellfischfilets

Für **4 Personen**
Zubereitungszeit **15 Minuten**
Kochzeit **20 Minuten**

1 kg **mehlig kochende Kartoffeln**, geschält
75 ml **Vollmilch**
150 g **Butter**
4 **Schellfischfilets mit Haut**, je 150 g
2 EL **Kapern** in Lake, abgegossen und abgespült
4 EL **Zitronensaft**
Salz und Pfeffer

Die Kartoffeln in leicht gesalzenem kochendem Wasser 20 Minuten garen. Mit der Milch und 50 g Butter zu einem glatten Püree verarbeiten und gründlich abschmecken.

Unterdessen die restliche Butter in einer großen Pfanne erhitzen. Die Schellfischfilets darin mit der Haut nach unten 3 Minuten goldbraun braten. Vorsichtig wenden und weitere 1–2 Minuten braten.

Die Filets aus der Pfanne nehmen und mit dem Kartoffelpüree auf Tellern anrichten.

Die Pfanne zurück auf den Herd stellen. Auf hoher Stufe erhitzen, bis die Butter nussbraun wird. Kapern und Zitronensaft zufügen und 1 Minute sprudelnd kochen lassen. Die Sauce über den Fisch und die Kartoffeln geben und sofort servieren.

Für Forellenfilets mit Mandeln die Schellfischfilets durch Forellenfilets ersetzen und wie oben beschrieben braten. Anstelle der Kapern gehobelte Mandeln verwenden.

Garnelen mit japanischem Salat

Für **4 Personen**
Zubereitungszeit **10 Minuten**
  plus Abkühlzeit
Kochzeit **3 Minuten**

400 g rohe **ausgelöste Riesengarnelen**
200 g **Bohnensprossen**
125 g **Zuckererbsen**, in dünne Streifen geschnitten
100 g **Wasserkastanien**, in dünne Scheiben geschnitten
½ Kopf **Eisbergsalat**, in dünne Streifen geschnitten
12 **Radieschen**, in dünne Scheiben geschnitten
1 EL **Sesamkörner**, leicht geröstet

Dressing
2 EL **Reisessig**
125 ml **Sonnenblumenöl**
1 TL **Fünf-Gewürze-Pulver** (optional)
2 EL **Mirin**

Die Garnelen in einen Dämpfeinsatz geben, über köchelndes Wasser stellen und 2–3 Minuten gar und rosa dämpfen. Beiseite stellen und abkühlen lassen.

Für das Dressing alle Zutaten in einer kleinen Schüssel verrühren.

Bohnensprossen, Zuckererbsen, Wasserkastanien, Eisbergsalat und Radieschen mischen und auf Tellern anrichten. Garnelen darauf verteilen und Sesam darüberstreuen. Mit dem Dressing beträufelt servieren.

Für eine Chilisauce als Beilage 1 fein gehackte Knoblauchzehe, ½ Teelöffel fein geriebenen frischen Ingwer, 2 Teelöffel Sojasauce, 1 Esslöffel milde Chilisauce und ½ Esslöffel Tomatenketchup gut verrühren.

Bohnen-Sardellen-Pâté

Für **2–3 Personen**
Zubereitungszeit **5 Minuten**

1 Dose (425 g) **Limabohnen**, abgegossen und abgespült
1 Dose (50 g) **Sardellenfilets** in Öl
2 **Frühlingszwiebeln**, fein gehackt
2 EL **Zitronensaft**
1 EL **Olivenöl**
4 EL gehackter **Koriander**
Salz und Pfeffer

Zum Servieren
Zitronenspalten
4–6 Scheiben **Roggenbrot**, getoastet

Alle Zutaten mit Ausnahme des Korianders im Mixer gut mischen, aber nicht glatt pürieren. Alternativ die Bohnen mit einer Gabel zerdrücken, die Sardellenfilets fein hacken und die Zutaten von Hand verrühren.

Den Koriander untermischen und alles gut abschmecken. Mit Zitronenspalten und getoastetem Roggenbrot servieren.

Für eine Bohnen-Champignon-Pâté die Sardellen durch 250 g in Scheiben geschnittene Champignons ersetzen. Die Pilze in 2 Esslöffeln Olivenöl mit 1 fein gehackten Knoblauchzehe braten, bis sie stark reduziert sind und die ganze Flüssigkeit verdampft ist. Abkühlen lassen. Im Mixer zerkleinern oder mit einer Gabel zerdrücken, die restlichen Zutaten zufügen und wie oben beschrieben verarbeiten.

Thunfischsteak mit grüner Salsa

Für **4 Personen**
Zubereitungszeit **14 Minuten** plus Marinierzeit
Kochzeit **2–4 Minuten**

2 EL **Olivenöl**
abgeriebene Schale von
  1 **unbehandelten Zitrone**
2 TL gehackte **Petersilie**
½ TL zerstoßene **Koriandersamen**
4 frische **Thunfischsteaks**, je 150 g
Salz und Pfeffer
angemachter **Blattsalat**, zum Servieren

Salsa
2 EL gehackte **Kapern**
2 EL gehackte **Cornichons**
1 EL fein gehackte **Petersilie**
2 TL gehackter **Schnittlauch**
2 TL fein gehackter **Kerbel**
30 g entsteinte **grüne Oliven**, gehackt
1 **Schalotte**, fein gehackt (optional)
2 EL **Zitronensaft**
2 EL **Olivenöl**

Öl, Zitronenschale, Petersilie und Koriandersamen mit reichlich Pfeffer in einer Schüssel verrühren. Die Thunfischsteaks mit dieser Mischung einreiben.

Die Zutaten für die Salsa verrühren, abschmecken und beiseite stellen.

Eine Grill- oder Bratpfanne erhitzen. Die Thunfischsteaks darin auf jeder Seite 1–2 Minuten braten (sie sollten außen kräftig angebraten, innen aber noch roh sein). Aus der Pfanne nehmen und ein paar Minuten ruhen lassen.

Die Thunfischsteaks mit einem Löffel Salsa, einem angemachten Salat und viel knusprigem Weißbrot servieren.

Für eine gelbe Paprika-Senf-Salsa 2 fein gehackte gelbe Paprika, 1 Esslöffel Dijon-Senf, je 2 Esslöffel fein gehackten Schnittlauch, Dill und Petersilie, 1 Teelöffel Zucker, 1 Esslöffel Apfelessig und 2 Esslöffel Olivenöl verrühren.

Jakobsmuscheln mit Pancetta

Für **4 Personen**
Zubereitungszeit **10 Minuten**
  plus Abkühlzeit
Koch- und Backzeit
  15 Minuten

8 kleine **Strauchtomaten**, halbiert
2 **Knoblauchzehen**, fein gehackt
8 **Basilikumblätter**
2 EL **Olivenöl**
2 EL **Balsamico**
8 dünne Scheiben **Pancetta**
16–20 große **Jakobsmuscheln**, Rogen und Muskelrand entfernt
8 **Artischockenherzen** in Öl aus der Dose, abgetropft und halbiert
125 g **Feldsalat**, geputzt
Salz und Pfeffer

Die Tomaten mit der Schnittfläche nach oben dicht nebeneinander in eine Auflaufform legen. Mit Knoblauch und Basilikum bestreuen, mit je 1 Esslöffel Öl und Balsamico beträufeln und salzen und pfeffern. Im vorgeheizten Ofen bei 220 °C 15 Minuten rösten.

Unterdessen die Pancettascheiben in der vorgeheizten Grillpfanne unter einmaligem Wenden 2 Minuten knusprig und goldbraun braten. Auf einen Teller mit Küchenpapier legen.

Die Jakobsmuscheln in der heißen Grillpfanne 1 Minute goldbraun braten, dann wenden und auf der anderen Seite ebenfalls 1 Minute braten. Aus der Pfanne nehmen und mit Alufolie abgedeckt 2 Minuten ruhen lassen.

Unterdessen die Artischockenherzen in der Pfanne 2 Minuten scharf anbraten.

Den Feldsalat mit dem restlichen Öl und Balsamico anmachen und auf Teller verteilen. Artischocken, Tomaten, Pancetta und Jakobsmuscheln darauf anrichten und sofort servieren.

Für einen Lachs-Pancetta-Salat die Tomaten weglassen und die Pancetta wie oben beschrieben braten. Anstelle der Jakobsmuscheln ein Stück (450 g) frisches Lachsfilet verwenden: Den Lachs dünn mit Olivenöl bestreichen und in der heißen Grillpfanne unter einmaligem Wenden 2–3 Minuten goldbraun braten. Die Artischockenherzen wie oben braten. Den Feldsalat durch Rucola und in Streifen geschnittene Romanasalatherzen ersetzen. Alles wie oben beschrieben anrichten.

Garnelen mit Sesamnudeln

Für **4 Personen**
Zubereitungszeit **8 Minuten**
Kochzeit **6 Minuten**

250 g **dünne asiatische Eiernudeln**
1 EL **Sesamöl,** plus zusätzliches zum Servieren
1 EL **Pflanzenöl**
1 **gelbe Paprika**, in dünne Streifen geschnitten
1 **rote Paprika**, in dünne Streifen geschnitten
75 g **Shiitake-Pilze**, in dünne Scheiben geschnitten
1 große **Karotte**, in dünne Stifte geschnitten
2 **Frühlingszwiebeln**, in dünne Streifen geschnitten
1 **rote Chili,** fein gehackt
300 g gekochte, ausgelöste **Garnelen**
1 EL **Sesamkörner,** leicht geröstet

Die Nudeln in einem großen Topf mit ungesalzenem Wasser 4 Minuten oder gemäß Packungsanweisung garen.

Unterdessen einen großen Wok auf hoher Stufe sehr stark erhitzen. Sesam- und Pflanzenöl hineingeben und die Paprikastreifen darin unter Rühren 1–2 Minuten anbraten. Die Pilze zufügen, 1 Minute anbraten, dann die Karotte zugeben und ebenfalls 1 Minute anbraten.

Frühlingszwiebeln, Chili und Garnelen zufügen und alles unter Rühren noch 2 Minuten braten.

Die abgetropften Nudeln in den Wok geben. Gut vermischen, erhitzen und mit dem Sesam bestreut sofort servieren.

Für Teriyaki-Garnelen mit Soba-Nudeln die Eiernudeln durch Soba-Nudeln (aus Buchweizenmehl) ersetzen. Gemüse und Nudeln wie oben beschrieben zubereiten, die Garnelen jedoch getrennt unter Zugabe von 1 in Scheiben geschnittenen Knoblauchzehe und 4 Esslöffeln Teriyaki-Sauce braten. Die Garnelen auf die Nudeln geben und statt mit Sesam mit Koriander bestreut servieren.

Knuspriger Schwertfisch mit Puy-Linsen

Für **4 Personen**
Zubereitungszeit **12 Minuten**
Koch- und Backzeit
   15 Minuten

4 **Schwertfischfilets**, je 175 g
2 EL **Olivenöl**
500 g **gekochte Puy-Linsen**
8 **getrocknete Tomaten**, grob gehackt
1 kleines Bund **Basilikum**, in Streifen geschnitten
1 EL **Kapern** in Lake, abgegossen und abgespült
4 **Frühlingszwiebeln**, in dünne Ringe geschnitten
8 entsteinte schwarze **Oliven**, grob gehackt
2 EL **Olivenöl**
Salz und Pfeffer
2 **Zitronen**, halbiert, zum Servieren

Panade
75 g **Semmelbrösel**
abgeriebene Schale von
   1 **unbehandelten Zitrone**
1 TL fein gehackter **Rosmarin**
2 EL fein gehackte **Petersilie**

Die Zutaten für die Panade mischen und leicht salzen und pfeffern. Die Fischfilets mit dem Öl einreiben, in der Panade wenden und gut andrücken.

Die Filets auf ein beschichtetes Backblech legen und die restliche Panade daraufgeben. Im vorgeheizten Ofen bei 220 °C 15 Minuten goldgelb und knusprig backen.

Die heißen Linsen in eine Schüssel geben, die restlichen Zutaten untermischen und alles abschmecken. Die Fischfilets auf der Linsenmischung anrichten und sofort mit den Zitronenhälften servieren.

Für knusprige Seehechtsteaks mit mediterranen Kartoffeln den Schwertfisch durch 4 Seehechtsteaks (je 200 g) ersetzen und wie oben beschrieben zubereiten. Anstelle der Linsen 700 g kleine neue Kartoffeln schälen, halbieren, 10–15 Minuten weich kochen, abgießen und mit den restlichen Zutaten mischen.

Jamaikanischer Kabeljau mit Zitrussalsa

Für **4 Personen**
Zubereitungszeit **15 Minuten**
Koch- und Backzeit
   15 Minuten

1 große **Orange**
1 **Knoblauchzehe**, zerdrückt
2 große **Tomaten**, entkernt und gewürfelt
2 EL gehacktes **Basilikum**, plus zusätzliches zum Garnieren
75 g **entsteinte schwarze Oliven**, gehackt
5 EL **Olivenöl**
4 **Kabeljaufilets** mit Haut, je 175 g
1 EL **jamaikanische Jerk-Gewürzmischung**
Salz und Pfeffer

Schale und Weißes von der Orange abschneiden. Die Orangenfilets durch Schnitte entlang der Trennwände auslösen, dabei den Saft in einer Schale auffangen. Die Fruchtfilets halbieren und mit dem Saft sowie Knoblauch, Tomaten, Basilikum, Oliven und 4 Esslöffeln Öl mischen. Mit Salz und Pfeffer abschmecken und ziehen lassen.

Den Kabeljau mit dem restlichen Öl einstreichen und in der Jerk-Gewürzmischung wenden. Eine große Pfanne erhitzen und die Filets darin mit der Hautseite nach unten 5 Minuten braten, dann wenden und weitere 3 Minuten braten. Im vorgeheizten Ofen bei 150 °C 5 Minuten ruhen lassen. Die Filets mit Basilikum garnieren und mit der Salsa und Blattsalat servieren.

Für ein Kabeljau-Schlemmerfilet je 3 Esslöffel Semmelbrösel, zerzupftes Basilikum und geriebenen Parmesan, 2 abgetropfte und gehackte getrocknete Tomaten in Öl, 1 Esslöffel Olivenöl und die abgeriebene Schale von 1 unbehandelten Zitrone mischen. Die Mischung auf 4 Kabeljaufilets (je 175 g) geben und im vorgeheizten Ofen bei 190 °C 20 Minuten backen.

Lachsfilet mit Quinoa

Für **4 Personen**
Zubereitungszeit **5 Minuten**
Kochzeit **15 Minuten**

200 g **Quinoa**
100 g **Butter**, zimmerwarm
8 **Salbeiblätter**, gehackt
1 kleines Bund **Schnittlauch**
abgeriebene Schale und Saft von 1 **unbehandelten Zitrone**
4 **Lachsfilets**, je 125 g
1 EL **Olivenöl**
Salz und Pfeffer

Das Quinoa in ungesalzenem kochendem Wasser 15 Minuten bissfest garen.

Unterdessen Butter, Salbei, Schnittlauch und Zitronenschale mischen und nach Geschmack salzen und pfeffern.

Die Lachsfilets mit dem Öl einreiben, pfeffern und in der vorgeheizten Grillpfanne 6 Minuten braten, dabei einmal vorsichtig wenden. Aus der Pfanne nehmen und ruhen lassen.

Das Quinoa abgießen, den Zitronensaft unterrühren und mit Salz und Pfeffer würzen. Auf Teller verteilen, die Lachsfilets darauf anrichten und je ein Stück Salbeibutter daraufgeben.

Für Lachs mit Estragonbutter und Couscous
die Salbeiblätter durch 4 Estragonzweige und das Quinoa durch 250 g Couscous ersetzen. Den Couscous mit 400 ml kochendem Wasser aufgießen und 5–8 Minuten ausquellen lassen. Mit einer Gabel auflockern, mit etwas Zitronensaft, Olivenöl, Salz und Pfeffer anmachen und wie oben beschrieben zum Lachs servieren.

Kabeljaufilet mit Tomaten und Rucola

Für **4 Personen**
Zubereitungszeit **5 Minuten**
Backzeit **12–15 Minuten**

4 **Kabeljaufilets**, je 150 g
3 EL **Olivenöl**
2 **Knoblauchzehen**, gehackt
300 g **Kirschtomaten** an der Rispe
2 EL **Balsamico**
4 EL in Streifen geschnittenes **Basilikum**
125 g **Rucola**
Salz und Pfeffer

Die Kabeljaufilets rundum mit 1 Esslöffel Öl einreiben und gut salzen und pfeffern. In eine Auflaufform legen und mit dem Knoblauch bestreuen. Die Kirschtomaten daneben legen, Balsamico, Basilikum und das restliche Öl darübergeben und salzen und pfeffern.

Das Gericht im vorgeheizten Backofen bei 220 °C 12–15 Minuten backen, bis der Fisch gar und die Tomaten geröstet sind.

Den Kabeljau mit den Tomaten anrichten und mit Rucola servieren.

Für Kabeljau mit italienischer Salsa die Kabeljaufilets in der Pfanne 5–6 Minuten goldbraun braten. Für die Salsa 8 fein gehackte getrocknete Tomaten, 2 Esslöffel grob gehacktes Basilikum, 1 Esslöffel abgetropfte Kapern, 1 Esslöffel leicht zerstoßene Pinienkerne und 2 Esslöffel Olivenöl mischen. Mit einem Rucola-Salat servieren.

Miesmuschel-Zitronen-Curry

Für **4 Personen**
Zubereitungszeit **15 Minuten**
Kochzeit **15 Minuten**

1 kg **Miesmuscheln**, geputzt und Bärte entfernt
125 ml **helles Bier**
125 g **Butter**
1 **Zwiebel**, gehackt
1 **Knoblauchzehe**, zerdrückt
2,5-cm-Stück **frischer Ingwer**, geschält und gerieben
1 EL **mittelscharfes Currypulver**
150 g **Sahne**
2 EL **Zitronensaft**
Salz und Pfeffer
gehackte **Petersilie**, zum Garnieren

Alle Muscheln, die kaputt sind oder sich auf kräftiges Klopfen mit einem Messer nicht sofort schließen, aussortieren. Die intakten Muscheln mit dem Bier in einen großen Topf geben und abgedeckt unter häufigem Schütteln des Topfs 4 Minuten kochen, bis sich alle Muscheln geöffnet haben (nicht geöffnete Muscheln aussortieren). Durch ein Sieb geben, den Kochsud auffangen und warm halten.

Unterdessen die Butter in einem großen Topf zerlassen. Zwiebel, Knoblauch, Ingwer und Curry darin unter häufigem Rühren 5 Minuten andünsten. Den Muschelsud zugießen, zum Kochen bringen und auf die Hälfte einkochen. Sahne und Zitronensaft einrühren und zum Köcheln bringen.

Die Muscheln unterrühren, erhitzen und alles abschmecken. Mit gehackter Petersilie garnieren und nach Wunsch mit knusprigem Weißbrot servieren.

Für ein Garnelen-Zitronen-Curry mit warmem Zitronen-Naan die Miesmuscheln durch rohe ausgelöste Garnelen ersetzen: pro Person etwa 10 Garnelen der Länge nach tief einschneiden, damit die Aromen besser einziehen. Wie oben beschrieben 3–4 Minuten rosa garen und zubereiten. 4 Naan-Brote mit einer Mischung aus 50 g zerlassener Butter und der abgeriebenen Schale von 1 unbehandelten Zitrone bestreichen, kurz aufbacken und zu den Garnelen reichen

Meerbrasse mit Bratkartöffelchen

Für **4 Personen**
Zubereitungszeit **5 Minuten**
Kochzeit **20 Minuten**

500 g **neue Kartöffelchen**
3–4 EL **Olivenöl**
6 EL **Mayonnaise**
1 EL gehackter **Kerbel**
½ **Knoblauchzehe**, zerdrückt
4 **Meerbrassenfilets** mit Haut
2 EL **Zitronensaft**
Meersalz und Pfeffer

Die Kartöffelchen mit 1–2 Esslöffeln Öl in einen großen Topf geben und mit einem gut schließenden Deckel abdecken. Bei mittlerer Hitze unter häufigem Schütteln des Topfs 20 Minuten garen, bis die Kartöffelchen weich und knusprig goldbraun sind. Aus dem Topf nehmen und mit Meersalz bestreuen.

Unterdessen Mayonnaise, Kerbel und Knoblauch verrühren.

Das restliche Öl in einer großen Pfanne auf mittlerer bis hoher Stufe erhitzen. Die Filets salzen und pfeffern und mit der Hautseite nach unten 1 Minute in der Pfanne braten. Dann wenden und weitere 2–3 Minuten knusprig braten. Mit Zitronensaft beträufeln und sofort mit den Bratkartöffelchen und der Knoblauchmayonnaise servieren.

Für Makrelenfilets mit Meerrettich-Sauerrahm die Mayonnaise durch saure Sahne ersetzen und statt Kerbel und Knoblauch 2 Esslöffel küchenfertigen Meerrettich nehmen. Anstelle der Brassenfilets 4 Makrelenfilets verwenden und mit Salz, Pfeffer und 1 Prise Chilipulver würzen. Wie oben beschrieben braten und mit der Sauce und den Bratkartöffelchen servieren.

Hummerschwänze mit Aïoli

Für **4 Personen**
Zubereitungszeit **20 Minuten**
Backzeit **7–8 Minuten**

4 rohe **Hummerschwänze**, Panzerunterseite entfernt
50 g **Butter**
2 EL **Knoblauchöl**
fein abgeriebene Schale von 1 **unbehandelten Zitrone**
2 EL gehackter **Kerbel**, plus zusätzliche Zweige zum Garnieren
längs gehobelte **Gurkenstreifen**, zum Servieren

Aïoli
1 **Eigelb**
3–4 **Knoblauchzehen**, zerdrückt
1 EL **Zitronensaft**
175 ml **Olivenöl**
1 EL gehackter **Schnittlauch**
Salz und Pfeffer

Für die Aïoli alle Zutaten zimmerwarm verarbeiten: Eigelb, Knoblauch, Zitronensaft und eine große Prise Salz und Pfeffer mit dem Schneebesen oder Handrührgerät verquirlen. Unter ständigem Rühren tropfenweise das Öl zugeben und alles zu einer dicken, glatten Creme verarbeiten. Dann den Schnittlauch unterrühren.

Die Hummerschwänze mit der Fleischseite nach oben auf ein Blech legen. Die Butter in Flöckchen daraufsetzen und mit dem Knoblauchöl beträufeln. Unter dem vorgeheizten Backofengrill 7–8 Minuten gar grillen. Mit Zitronenschale und gehacktem Kerbel bestreuen und mit Gurkenstreifen und Aïoli servieren.

Für Hummerschwänze mit Tomaten-Pesto-Sauce
je 2 Esslöffel pürierte getrocknete Tomaten, Mascarpone und Pesto, 2 Teelöffel fein abgeriebene, unbehandelte Zitronenschale und 2 Teelöffel Zitronensaft verrühren. Alles gut abschmecken.

Kokos-Koriander-Miesmuscheln

Für **4 Personen**
Zubereitungszeit **10 Minuten**
Kochzeit **15 Minuten**

- 1 EL **Pflanzenöl**
- 4 **Frühlingszwiebeln**, fein gehackt
- 2,5-cm-Stück **Galgant oder frischer Ingwer,** in dünne Stifte geschnitten
- 1 **grüne Chili**, fein gehackt
- 1 Dose (200 ml) **Kokosmilch**
- 1 großes Bund **Koriander**, gehackt, plus zusätzlichen zum Garnieren
- 1 EL gehacktes **thailändisches Basilikum** (optional)
- 200 ml **Fischfond**
- 2 EL **thailändische Fischsauce**
- 2 EL **Limettensaft**
- 1 EL **Sojasauce**
- 1 EL **brauner Zucker**
- 3–4 **Limettenblätter**, in dünne Streifen geschnitten (optional)
- 1 kg **Miesmuscheln**, geputzt und Bärte entfernt
- **Kokosraspel**, geröstet, zum Garnieren (optional)

Das Öl in einem großen Topf erhitzen. Frühlingszwiebeln, Galgant bzw. Ingwer und Chili darin 2 Minuten weich dünsten. Die restlichen Zutaten mit Ausnahme der Muscheln zugeben und langsam erhitzen, bis sich der Zucker aufgelöst hat. Auf hoher Stufe aufkochen, dann herunterschalten und 5 Minuten köcheln lassen, damit sich die Aromen entfalten.

Die Muscheln in die Sauce geben und mit einem gut schließenden Deckel abgedeckt 3–4 Minuten kochen, bis sich die Muscheln geöffnet haben (nicht geöffnete Muscheln aussortieren).

Die Muscheln mit der Sauce auf Schalen verteilen. Mit zusätzlichem Koriander und nach Wunsch mit Kokosraspeln bestreuen und sofort mit Jasminreis oder Weißbrot servieren.

Für Kokos-Koriander-Meeresfrüchte mit Limettenreis die Miesmuscheln durch 500 g frische oder tiefgefrorene gemischte Meeresfrüchte ersetzen und wie oben zubereiten, jedoch die Limettenblätter weglassen. 250 g Reis mit der abgeriebenen Schale von 1 unbehandelten Limette kochen. Den Reis auf Schalen verteilen und die Meeresfrüchte darübergeben. Mit Krabbenchips (Krupuk) servieren.

Jakobsmuschel-Garnelen-Spieße

Für **4 Personen**
Zubereitungszeit **10 Minuten**
Kochzeit **7–9 Minuten**

16 große rohe **Garnelen**, Köpfe entfernt
24 frische **Jakobsmuscheln**, Rogen entfernt
1 große reife, aber feste **Mango**, entsteint, geschält und gewürfelt
125 g **gemischte Blattsalate**

Zitrusdressing
Saft von ½ rosé **Grapefruit**
fein abgeriebene Schale und Saft von 1 **unbehandelten Limette**
1 TL **Honig**
1 EL **Himbeeressig**
75 ml **Zitronenöl**

Für das Zitrusdressing alle Zutaten in einer kleinen Schüssel verrühren.

Die Garnelen 2 Minuten in köchelndem Wasser pochieren, dann abgießen.

Jakobsmuscheln, Mangowürfel, Garnelen und 3 Esslöffel Dressing in einer Schüssel gut mischen, dann abwechselnd auf Spieße stecken.

Das Öl in einer großen Pfanne auf mittlerer Stufe erhitzen. Die Spieße darin unter gelegentlichem Wenden und Bestreichen mit der Marinade 5–7 Minuten goldbraun und gar braten.

Die Blattsalate auf Teller verteilen und die Spieße darauf anrichten. Mit dem restlichen Dressing beträufelt servieren.

Für Halloumi-Mango-Spieße die Jakobsmuscheln und Garnelen durch 450–500 g gewürfelten Halloumi ersetzen. Mit dem Dressing mischen und abwechselnd mit den Mangowürfeln aufspießen. Wie oben beschrieben braten oder auf dem Holzkohlegrill grillen.

Miso-Kabeljau mit Pak-Choi-Kohl

Für **4 Personen**
Zubereitungszeit **10 Minuten**
 plus Marinierzeit
Kochzeit **13–15 Minuten**

4 Kabeljaufilets, je 175 g
Olivenöl, zum Bestreichen
4 kleine Köpfe Pak-Choi-Kohl, längs halbiert und 1–2 Minuten in kochendem Wasser blanchiert

Misosauce
125 ml Misopaste
50 ml Sojasauce
50 ml Sake
50 ml Mirin
50 g Zucker

Für die Misosauce alle Zutaten in einem kleinen Topf langsam erhitzen, bis sich der Zucker aufgelöst hat. Unter häufigem Rühren 5 Minuten köcheln lassen. Vom Herd nehmen und vollständig abkühlen lassen.

Die Kabeljaufilets in eine Schale legen, in die sie gerade hineinpassen. Die kalte Misosauce darübergeben, gleichmäßig verteilen und abgedeckt mindestens 6 Stunden oder besser über Nacht marinieren.

Eine Grillpfanne auf mittlerer Stufe erhitzen. Die Filets aus der Sauce nehmen und 2–3 Minuten in der Pfanne braten. Vorsichtig wenden und weitere 2–3 Minuten braten. Aus der Pfanne nehmen und warm stellen.

Eine saubere Pfanne erhitzen. Den Pak-Choi-Kohl auf den Schnittflächen mit etwas Öl bestreichen und mit der geölten Seite nach unten in der Pfanne 2 Minuten erhitzen und bräunen. Mit dem Kabeljau anrichten und sofort servieren.

Für Sesamgemüse als alternative Beilage 200 g Babymaiskolben 5 Minuten in etwas Öl unter Rühren anbraten, dann 100 g Zuckererbsen zufügen und 3 Minuten anbraten. 1 in Scheiben geschnittene Zucchini zugeben und weitere 3 Minuten braten (Gesamtkochzeit 11 Minuten). Zum Abschluss 1 Esslöffel helle Sojasauce und 1 Teelöffel Sesamöl unter das Gemüse mischen und sofort servieren.

Teriyaki-Lachs mit Udon-Nudeln

Für **4 Personen**
Zubereitungszeit **12 Minuten**
Kochzeit **15 Minuten**

4 **Lachsfilets ohne Haut**, je 150 g
2 TL **Sesamöl**
4 **Frühlingszwiebeln**, in dünne Ringe geschnitten
350 ml **heiße Gemüsebrühe**
2 EL **helle Sojasauce**
50 g **Misopaste**
1 EL **Mirin** oder 1 TL brauner Zucker
300 g **gekochte Udon-Nudeln**
4 Köpfe junger **Pak-Choi-Kohl**, längs halbiert

Teriyaki-Sauce
3 EL **Sake**
1 TL **dunkle Sojasauce**
3 EL **helle Sojasauce**
2 EL **Zucker**
1 EL **Honig**
2 EL **Mirin** oder zusätzlicher Zucker

Für die Teriyaki-Sauce alle Zutaten in einem kleinen Topf auf mittlerer Stufe erhitzen, bis sich der Zucker aufgelöst hat. Hochschalten und 5 Minuten köcheln und eindicken lassen. Abkühlen lassen.

Die Lachsfilets mit der Teriyaki-Sauce einreiben und in eine Auflaufform legen. Unter dem vorgeheizten Backofengrill unter gelegentlichem Bestreichen mit der Sauce auf jeder Seite 4–5 Minuten grillen. Beiseite stellen und warm halten.

Das Sesamöl in einer Pfanne erhitzen. Die Frühlingszwiebeln darin 2 Minuten unter Rühren anbraten. Brühe, Sojasauce, Misopaste und Mirin bzw. Zucker zugeben und unter Rühren auflösen. Zum Kochen bringen, Nudeln und Pak-Choi-Kohl zufügen und 2 Minuten köcheln lassen, bis der Kohl zerfällt.

Den gegrillten Lachs auf den Nudeln anrichten und sofort servieren.

Für Petersilienlachs mit Grünspargel 250 g grünen Spargel 10 Minuten in kochendem Wasser garen. Die Lachsfilets mit Olivenöl bestreichen, in 25 g gehackter Petersilie wenden, gut andrücken und in einer Grillpfanne in Olivenöl auf jeder Seite 3 Minuten braten. Die Filets mit dem Spargel auf Tellern anrichten und mit knusprigem Weißbrot servieren.

Krebs-Kichererbsen-Bratlinge mit Kräutern

Für **4 Personen**
Zubereitungszeit **10 Minuten**
Kochzeit **7 Minuten**

1 Dose (400 g) **Kichererbsen**, abgespült und abgetropft
2 **Frühlingszwiebeln**, in dünne Ringe geschnitten
3 EL gehackte **Petersilie**
2 EL gehackter **Schnittlauch**
1 **Eigelb**
1 TL **Piri-Piri-Sauce**
1 TL **Worcestersauce**
2 EL **Mayonnaise**
150 g **Semmelbrösel**
300 g weißes **Krebsfleisch**
2 EL **Olivenöl**

Zum Servieren
125 g **Rucola**
4 EL **Aïoli** (s. S. 116)

Kichererbsen, Frühlingszwiebeln, Kräuter, Eigelb, Piri-Piri-Sauce, Worcestersauce, Mayonnaise und 50 g Semmelbrösel kurz im Mixer mischen. Das Krebsfleisch zufügen und mit der Impulsstufe kurz einarbeiten (wenn die Mischung zu feucht ist, noch Semmelbrösel zugeben).

Die Masse in eine Schüssel geben und zu 4 großen oder 8 kleinen Bratlingen formen. In den restlichen Semmelbröseln panieren.

Das Öl in einer großen Pfanne erhitzen. Die Bratlinge darin unter einmaligem vorsichtigem Wenden 5 Minuten knusprig und goldbraun braten. Kurz auf Küchenpapier abtropfen lassen, dann sofort mit Rucola und einem Löffel Aïoli servieren.

Für eine Avocado-Brunnenkresse-Sauce anstelle der Aïoli 1 Esslöffel Kapern und 100 g Brunnenkresse fein hacken, 1 Avocado zerdrücken und alles mit 200 g griechischem Joghurt verrühren.

Tintenfischringe mit Mayonnaise

Für **4 Personen**
Zubereitungszeit **30 Minuten**
Kochzeit **9 Minuten**

500 g küchenfertig vorbereitete **Tintenfische**
50 g **Mehl**
1 EL **Paprika**
1 Prise **Cayennepfeffer**
Olivenöl, zum Frittieren
Salz und Pfeffer

Zitronen-Kräuter-Mayonnaise
2 **Eigelb**
½ TL **körniger Senf**
1 EL **Zitronensaft**, plus zusätzlichen zum Abschmecken
200 ml **mildes Olivenöl**
1 EL gehackte **glatte Petersilie**, plus zusätzliche zum Garnieren
1 EL gehackter **Kerbel**
1 EL gehackter **Schnittlauch**
2 EL gehackte **Brunnenkresse**
fein abgeriebene Schale von 1 **unbehandelten Zitrone**
1 kleine **Knoblauchzehe**, zerdrückt
Zitronenspalten, zum Servieren

Für die Mayonnaise Eigelb, Senf und Zitronensaft verrühren. Unter ständigem Rühren tropfenweise das Öl zugeben und alles zu einer glatten Creme verarbeiten. Kräuter, Brunnenkresse, Zitronenschale und Knoblauch untermischen und mit Salz, Pfeffer und zusätzlichem Zitronensaft abschmecken. Abgedeckt kalt stellen.

Die Tintenfische waschen und trocken tupfen. Die Tuben in 2 cm dicke Ringe schneiden. Mehl, Paprika, Cayennepfeffer, Salz und Pfeffer in einem Gefrierbeutel mischen. Die Tintenfischringe und -tentakel hineingeben und mit dem gewürzten Mehl bestäuben.

Das Öl in einer großen Pfanne oder Fritteuse auf 180 °C erhitzen. Ein Drittel der Tintenfische aus dem Beutel nehmen und überschüssiges Mehl abschütteln. Die Fische vorsichtig in das Öl geben und 2–3 Minuten goldbraun backen. Mit einem Schaumlöffel herausnehmen, auf Küchenpapier abtropfen lassen und warm stellen. Mit dem Rest ebenso verfahren.

Die Tintenfische mit Petersilie bestreuen und mit Zitronenspalten und Mayonnaise servieren.

Für Tintenfische in Tomatensauce die Tintenfische wie oben zubereiten und mehlieren. In 6 Esslöffeln Olivenöl braten. Herausnehmen, abtropfen lassen und warm halten. Unterdessen 1 in Spalten geschnittene Zwiebel, 1 in Streifen geschnittene grüne Paprika, 2 zerdrückte Knoblauchzehen und 1 Lorbeerblatt im Öl anbraten, dann 450 g Tomatenstücke und 50 g entsteinte schwarze Oliven zufügen. Die Tintenfische in die fertige Sauce geben und mit 4 Esslöffeln gehackter Petersilie bestreut servieren.

Räucherfischgratin

Für **4 Personen**
Zubereitungszeit **10 Minuten**
Backzeit **20 Minuten**

4 **Flaschentomaten**, gewürfelt
250 g geräucherte **Forellenfilets**, Haut entfernt
400 g geräucherte **Schellfischfilets**, Haut entfernt
75 g geriebener **Gruyère** oder **Emmentaler**
2 EL frisch geriebener **Parmesan**
2 EL gehackter **Schnittlauch**
200 g **Sahne**
Salz und Pfeffer
500 g neue **Kartoffeln**, gekocht, zum Servieren (optional)

Die Tomaten auf dem Boden von 4 kleinen oder einer großen leicht gebutterten Auflaufform verteilen. Die Fischfilets in Stücke schneiden und auf die Tomaten geben. Mit den beiden geriebenen Käsen und dem Schnittlauch bestreuen.

Die Sahne darübergießen. Das Gratin im vorgeheizten Ofen bei 220 °C 20 Minuten goldbraun backen.

Sofort servieren, nach Wunsch dazu neue Kartoffeln als Beilage reichen.

Für ein Kabeljau-Garnelen-Gratin Forelle und Schellfisch durch 450 g in Stücke geschnittenes Kabeljaufilet (ohne Haut) und 250 g ausgelöste gekochte Garnelen ersetzen. Anstelle des Schnittlauchs 25 g gehackte Petersilie verwenden. Wie oben beschrieben zubereiten. Dazu Kartoffelpüree mit gehacktem Dill reichen.

Vegetarisch

Pikante Kürbis-Spinat-Suppe

Für **4 Personen**
Zubereitungszeit **10 Minuten**
Kochzeit **30–32 Minuten**

50 g **Butter**
2 EL **Olivenöl**
1 **Zwiebel**, grob gehackt
2 **Knoblauchzehen**, geschält
1,5 kg **Kürbis**, geschält und grob gehackt
1 TL gemahlener **Koriander**
½ TL **Cayennepfeffer**
½ TL **Zimt**
¼ TL gemahlener **Piment**
750 ml **heiße Gemüsebrühe**
150 g tiefgefrorener **Spinat**
Salz und Pfeffer

Zum Servieren
2 EL **Kürbiskerne**, leicht geröstet
4 TL **Kürbiskernöl**

Butter und Öl in einem großen Schmortopf erhitzen. Zwiebel und Knoblauch darin auf mittlerer Stufe 5–6 Minuten weich dünsten.

Den Kürbis zugeben und unter häufigem Rühren 8 Minuten anbraten, bis er weich und goldbraun zu werden beginnt. Die Gewürze zufügen, gut mischen und 2–3 Minuten anschwitzen.

Die heiße Brühe zugießen und alles zum Kochen bringen, dann herunterschalten und abgedeckt 15 Minuten köcheln lassen.

Die Suppe mit dem Handmixstab glatt pürieren, dann den Spinat zufügen. 5 Minuten erhitzen und alles abschmecken.

Die Suppe auf Schalen verteilen. Mit den Kürbiskernen bestreut und mit dem Kürbiskernöl beträufelt sofort servieren.

Für eine Hokkaido-Spinat-Suppe mit Kokosmilch

den normalen Kürbis durch 500 g Hokkaidokürbis ersetzen. Wie oben beschrieben zubereiten und vor dem Servieren zusätzlich noch 200 ml Kokosmilch unterziehen.

Fenchel-Zitronen-Cremesuppe

Für **4 Personen**
Zubereitungszeit **20 Minuten**
 plus Kühlzeit
Kochzeit **25 Minuten**

50 ml **Olivenöl**
3 dicke **Frühlingszwiebeln**, gehackt
250 g **Fenchel**, in dünne Scheiben geschnitten
1 **Kartoffel**, gewürfelt
fein abgeriebene Schale und Saft von 1 **unbehandelten Zitrone**
1,75 l heiße **Hühnerbrühe**
Pfeffer

Gremolata
1 kleine **Knoblauchzehe**, fein gehackt
fein abgeriebene Schale von 1 **unbehandelten Zitrone**
4 EL gehackte **Petersilie**
16 **schwarze Oliven**, entsteint und gehackt

Das Öl in einem großen Topf erhitzen. Die Frühlingszwiebeln darin 5 Minuten glasig dünsten. Fenchel, Kartoffel und Zitronenschale zugeben und 5 Minuten anbraten. Die Brühe zugießen und zum Kochen bringen. Herunterschalten und abgedeckt 15 Minuten weich köcheln lassen.

Unterdessen für die Gremolata Knoblauch, Zitronenschale und Petersilie gut mischen, dann die Oliven unterrühren. Abgedeckt kalt stellen.

Die Suppe im Mixer pürieren und durch ein feines Sieb streichen. Sie sollte nicht zu dick sein, bei Bedarf also noch etwas Brühe zugießen. Zurück in den ausgespülten Topf geben und erhitzen. Mit Pfeffer und reichlich Zitronensaft abschmecken. Auf vorgewärmte Suppenteller verteilen und die Gremolata daraufgeben (vor dem Verzehr unterrühren). Nach Wunsch mit getoasteten Baguettescheiben servieren.

Für eine Bohnen-Fenchel-Cremesuppe 2 Fenchelknollen, 1 Zwiebel, 1 Karotte und 1 Zucchini in Scheiben schneiden. Mit 900 ml Gemüsebrühe und 2 zerdrückten Knoblauchzehen 20 Minuten köcheln lassen. Dann 2 Dosen (je 400 g) Limabohnen und 1 Dose (400 g) Tomatenstücke zufügen und erhitzen. 2 Esslöffel gehackten Salbei unterrühren, alles pürieren und servieren.

Grillsalat mit dicken Bohnen

Für **4 Personen**
Zubereitungszeit **10 Minuten**
Kochzeit **20 Minuten**

2 **Auberginen**, in dünne Scheiben geschnitten
2 **gelbe Zucchini**, längs in dünne Scheiben geschnitten
4–6 EL **Olivenöl**
300 g tiefgefrorene **junge dicke Bohnen**
1 EL gehackter **Dill**
1 EL gehackte **Minze**
1 kleine **Fenchelknolle**, in Scheiben geschnitten
200 g **Feta**, zerbröckelt
Salz und Pfeffer
Minzeblätter, zum Garnieren (optional)
1 **Zitrone**, in Spalten geschnitten, zum Servieren

Auberginen und Zucchini mit dem Öl bestreichen und portionsweise in einer Grillpfanne auf jeder Seite 2–3 Minuten weich und goldbraun braten.

Die dicken Bohnen in kochendem Wasser weich kochen. Abgießen, kräftig salzen und pfeffern und mit 1 Esslöffel Öl und den Kräutern mischen.

Bohnen, Auberginen und Zucchini entweder abkühlen lassen oder alles als warmen Salat servieren: Die Auberginen- und Zucchinischeiben auf Tellern anrichten, Bohnen, Fenchel und Feta darübergeben. Nach Wunsch mit einigen Minzeblättern garnieren und mit Zitronenspalten servieren.

Für einen Bohnen-Sellerie-Salat die Zucchini durch 2 in dünne Streifen geschnittene rote Paprika und den Fenchel durch 250 g grob geriebenen Knollensellerie ersetzen.

Maracuja-Limetten-Salat

Für **4 Personen**
Zubereitungszeit **15 Minuten**
Kochzeit **3–5 Minuten**

3 feste, reife **Maracujas**
2 **unbehandelte Limetten**
2 TL **brauner Zucker**
50 g **blanchierte Mandeln**, geröstet
Limettenspalten, zum Garnieren

Die Maracujas halbieren, mit einem Löffel entkernen und schälen. Das Fruchtfleisch in grobe Stücke schneiden und in eine Schüssel geben.

Die Schale von beiden Limetten fein abreiben. Eine der Limetten auspressen, den Saft beiseite stellen. Das Weiße von der zweiten Limette abschneiden und die Filets über der Schüssel mit den Maracujas auslösen, um den Saft aufzufangen. Limettenfilets und Limettenschale zu den Maracujas geben.

Limettensaft und Zucker in einem kleinen Topf langsam erhitzen, bis sich der Zucker aufgelöst hat. Vom Herd nehmen und abkühlen lassen.

Den abgekühlten Limettensaft über die Maracujas geben und gut umrühren. Die Mandeln über den Salat streuen und mit Limettenspalten garniert servieren.

Für einen Maracuja-Limetten-Joghurt 1 Maracuja wie oben beschrieben zubereiten und mit der Schale von 1 unbehandelten Limette mischen (Limettenfilets und -saft weglassen). Die Mandeln hacken und alles mit 400 g Naturjoghurt mischen. Zum Frühstück mit Flocken oder als einfaches Dessert mit Knuspermüsli bestreut servieren. Passt auch sehr gut zu frisch gebackenen Waffeln.

Gemüse-Wraps mit Ziegenkäse

Für **4 Personen**
Zubereitungszeit **10 Minuten**
Kochzeit **6–8 Minuten**

8 mittelgroße **Weizentortillas**
200 g milder
  Ziegenfrischkäse
16 **Basilikumblätter**
150 g **gegrillte Artischocken**
  in Öl, abgetropft
150 g **gegrillte Auberginen**
  in Öl, abgetropft
150 g **gegrillte Paprika**
  in Öl, abgetropft
8 **getrocknete Tomaten**
50 g **Pinienkerne**,
  leicht geröstet
75 g **Rucola**
4 EL **Parmesanspäne**
  (optional)

Die Tortillas mit dem Frischkäse bestreichen. Die Basilikumblätter längs in die Mitte der Tortillas legen. Das Gemüse auf das Basilikum schichten, dann Pinienkerne, Rucola und Parmesan darübergeben.

Die Tortillas eng aufrollen, dabei die Seiten zur Mitte falten, sodass die Füllung gut in den Wraps eingeschlossen ist.

Eine große Grillpfanne auf mittlerer Stufe ohne Fett erhitzen. Die Wraps darin unter häufigem Wenden 6–8 Minuten anrösten. Vom Herd nehmen, diagonal durchschneiden und sofort servieren.

Für Tomaten-Paprika-Wraps mit Kräuterkäse
den Ziegenkäse durch einen Kräuterfrischkäse mit Knoblauch ersetzen. Artischocken und Auberginen weglassen und die getrockneten Tomaten durch 400 g frische halbierte Kirschtomaten ersetzen.

Gefüllte Süßkartoffeln

Für **4 Personen**
Zubereitungszeit **10 Minuten**
Koch- und Backzeit
  50 Minuten

4 **Süßkartoffeln**
350 g **Taleggio-** oder
  Fontinakäse, in Scheiben
  geschnitten
½ TL getrockneter **Thymian**
Petersilienzweige,
  zum Garnieren

Karamellisierte Zwiebeln
75 ml **Pflanzenöl**
6 große **Zwiebeln**,
  in Ringe geschnitten
4 EL **Weißwein**
3 EL **Weißweinessig**
1 EL **brauner Zucker**
1 TL getrockneter **Thymian**
Salz und Pfeffer

Die Süßkartoffeln mit einem scharfen Messer rundum einstechen und im vorgeheizten Backofen bei 220 °C 45 Minuten weich backen.

Unterdessen für die karamellisierten Zwiebeln das Öl in einer großen Pfanne auf kleiner Stufe erhitzen. Alle übrigen Zutaten hineingeben und unter gelegentlichem Rühren bei schwacher Hitze 30 Minuten dünsten, bis die Zwiebeln nussbraun und weich sind.

Die Süßkartoffeln aus dem Ofen nehmen, vorsichtig längs halbieren und auf ein Backblech setzen. Die karamellisierten Zwiebeln daraufgeben, mit den Käsescheiben belegen und mit etwas Thymian bestreuen. Unter dem vorgeheizten Backofengrill 4–5 Minuten überbacken, bis der Käse verläuft und braun zu werden beginnt.

Mit Petersilie garnieren und sofort mit einem grünen Salat und nach Wunsch einem Löffel saurer Sahne servieren.

Für Polentaschnitten mit karamellisierten Zwiebeln und Ziegenkäse 2 Pakete (je 500 g) verzehrfertige Polenta in je 4 Scheiben und 1 kleine Ziegenkäserolle (200 g) in 8 Scheiben schneiden Die Polentascheiben auf einer Seite grillen, dann wenden und die karamellisierten Zwiebeln (wie oben zubereitet) und je 1 Scheibe Ziegenkäse daraufgeben. Unter dem Grill 5 Minuten goldbraun überbacken.

Spinat-Süßkartoffel-Bratlinge

Für **4 Personen**
Zubereitungszeit **35 Minuten**
  plus Ziehzeit
Kochzeit ca. **40 Minuten**

500 g **Süßkartoffeln**,
  geschält und gewürfelt
125 g **Spinat**
4–5 **Frühlingszwiebeln**, in
  dünne Ringe geschnitten
Olivenöl, zum Frittieren
3 EL **Sesamkörner**
4 EL **Mehl**
Salz und Pfeffer

Chili-Kokos-Dip
200 ml **Kokoscreme**
2 **rote Chillies**, entkernt
  und fein gehackt
1 Stängel **Zitronengras**, in
  dünne Scheiben geschnitten
3 **Kaffir-Limettenblätter**, in
  dünne Streifen geschnitten
1 kleines Bund frischer
  Koriander, gehackt
2 EL **Sesamöl**

Zum Garnieren
Limettenspalten
Frühlingszwiebeln, längs in
  dünne Streifen geschnitten

Die Süßkartoffeln in leicht gesalzenem kochendem Wasser 20 Minuten weich kochen. Abgießen, zurück in den Topf geben und auf kleiner Stufe unter ständigem Rühren 1 Minute abdampfen lassen. Mit einer Gabel leicht zerdrücken.

Unterdessen den Spinat in ein Sieb geben und einen Topf kochendes Wasser darübergießen, dann unter kaltem Wasser abschrecken und trocken drücken. Spinat und Frühlingszwiebeln unter die Süßkartoffeln mischen. Salzen, pfeffern und beiseite stellen.

Für den Dip Kokoscreme, Chillies, Zitronengras und Limettenblätter in einem Topf 10 Minuten erhitzen (nicht aufkochen). Ziehen lassen.

Das Öl in einer großen Pfanne oder Fritteuse auf 180 °C erhitzen. Die Süßkartoffelmasse mit den Händen zu 12 Bratlingen formen. Sesam und Mehl mischen und darüberstreuen. Die Bratlinge portionsweise im heißen Öl 3 Minuten goldbraun frittieren. Auf Küchenpapier abtropfen lassen und warm halten.

Koriander und Sesamöl unter den Dip rühren. Auf 4 kleine Schälchen verteilen und sofort mit den Bratlingen sowie mit Limettenspalten und Frühlingszwiebelstreifen garniert servieren.

Für Spinat-Süßkartoffel-Bratlinge mit Salbei und Apfelmus
6 große in dünne Streifen geschnittene Salbeiblätter zur Bratlingmischung geben. 400 g Kochäpfel weich kochen und mit 3–4 Esslöffeln Zucker zu einem Mus verrühren. 25 g zerlassene Butter und die Schale von 1 Zitrone zufügen. Die heißen Bratlinge mit dem Apfelmus servieren.

Champignon-Brokkoli-Pastete

Für **4 Personen**
Zubereitungszeit **8 Minuten**
Koch- und Backzeit
 30 Minuten

350 g **Brokkoliröschen**
3 EL **Olivenöl**
350 g **Champignons**,
 in dicke Scheiben
 geschnitten
150 g **Gorgonzola**
3 EL **Mascarpone**
4 EL **Crème fraîche**
2 EL **gehackter Schnittlauch**
1 große Platte **Blätterteig**
 (Tiefkühlware aufgetaut)
1 **Ei**, leicht verquirlt
Salz und Pfeffer

Den Brokkoli in leicht gesalzenem kochendem Wasser 2 Minuten blanchieren, bis die Röschen gerade weich zu werden beginnen. Abtropfen lassen.

Unterdessen das Öl in einer großen Pfanne erhitzen. Die Champignons darin auf mittlerer Stufe unter gelegentlichem Rühren 5 Minuten anbraten. Gorgonzola, Mascarpone und Crème fraîche unterrühren. Brokkoli und Schnittlauch zufügen, mit Salz und Pfeffer abschmecken und in 4 kleine oder 1 große runde Auflaufform geben.

Den Blätterteig über die Füllung legen, am Rand gut an die Form andrücken und überstehenden Teig abschneiden. Den Teigdeckel mit dem verquirlten Ei bestreichen und zwei Schlitze hineinschneiden. Im vorgeheizten Ofen bei 220 °C 25 Minuten goldbraun backen. Sofort servieren.

Für eine Blumenkohl-Gouda-Pastete den Brokkoli durch 450 g Blumenkohlröschen und den Gorgonzola durch 200 g geriebenen pikanten Gouda ersetzen. Die Champignons weglassen.

Kreuzkümmel-Linsen mit Joghurtdressing

Für **4 Personen**
Zubereitungszeit **10 Minuten**
Kochzeit **13 Minuten**

4 EL **Olivenöl**
2 **rote Zwiebeln**, in dünne Spalten geschnitten
2 **Knoblauchzehen**, gehackt
2 TL **Kreuzkümmelsamen**
500 g gekochte **Puy-Linsen**
125 g pikante **Blattsalate**, z. B. Rucola, Löwenzahn oder Rote-Bete-Blätter
1 große **Rote Bete**, geschält und grob gerieben
1 **Granny-Smith-Apfel**, geschält und grob gerieben (optional)
Zitronensaft, zum Servieren
Salz und Pfeffer

Joghurtdressing
300 g **Naturjoghurt**
2 EL **Zitronensaft**
½ TL gemahlener **Kreuzkümmel**
15 g **Minzeblätter**, gehackt

Das Öl in einer Pfanne erhitzen. Die Zwiebeln darin auf mittlerer Stufe 8 Minuten weich und goldgelb dünsten. Knoblauch und Kreuzkümmel zufügen und weitere 5 Minuten dünsten.

Die Zwiebelmischung zu den Linsen geben, umrühren, alles abschmecken und abkühlen lassen.

Für das Dressing alle Zutaten in einer kleinen Schüssel verrühren.

Die abgekühlten Linsen auf einem Bett aus Blattsalaten, geriebener Rote Bete und Apfel anrichten. Großzügig mit Zitronensaft beträufeln und mit dem Joghurtdressing servieren.

Für eine Blumenkohl-Gouda-Pastete den Brokkoli durch 450 g Blumenkohlröschen und den Gorgonzola durch 200 g geriebenen pikanten Gouda ersetzen. Die Champignons weglassen.

Spargel mit Estragondressing

Für **4 Personen**
Zubereitungszeit **20 Minuten**
Kochzeit **ca. 5 Minuten**

3 EL **Olivenöl** (optional)
500 g **grüner Spargel**
500 g **Rucola oder andere Blattsalate**
2 **Frühlingszwiebeln**, in dünne Streifen geschnitten
4 **Radieschen**, in dünne Scheiben geschnitten
Salz und Pfeffer

Estragon-Zitronen-Dressing
fein abgeriebene Schale von 2 **unbehandelten Zitronen**
4 EL **Estragonessig**
2 EL **gehackter Estragon**
½ TL **Dijon-Senf**
1 Prise **Zucker**
150 ml **Olivenöl**

Zum Garnieren
grob **gehackte Kräuter**, z. B. Estragon, Petersilie, Kerbel oder Dill
dünne **unbehandelte Zitronenschalenstreifen**

Für das Dressing Zitronenschale, Essig, Estragon, Senf, Zucker sowie Salz und Pfeffer in einer kleinen Schüssel mit dem Schneebesen verquirlen. Nach und nach das Öl einrühren. Alternativ alle Zutaten in ein Schraubglas geben und durch kräftiges Schütteln mischen. Beiseite stellen.

Das Öl in einer großen Pfanne erhitzen. Die Spargelstangen nebeneinander in die Pfanne legen und unter gelegentlichem Wenden 5 Minuten weich braten (sie sollten stellenweise leicht gebräunt sein).

Den Spargel in eine flache Schale legen und mit Salz und Pfeffer würzen. Das Dressing darübergeben, vorsichtig umrühren und 5 Minuten ziehen lassen.

Die Salatblätter in einer Schale anrichten, Frühlingszwiebeln und Radieschen darüberstreuen, den Spargel in die Mitte legen und das Dressing darübergeben. Mit gehackten Kräutern und Zitronenschalenstreifen garnieren. Als leichte Mahlzeit mit Weißbrot oder als Beilage zu einem Hauptgericht servieren.

Für ein Knoblauch-Senf-Dressing als Alternative zum Estragon-Zitronen-Dressing je 1 kleine fein gehackte Knoblauchzehe und Schalotte, 2 Esslöffel körnigen Senf, je 1 Prise Salz, Pfeffer und Zucker, 125 ml Olivenöl und 2–3 Esslöffel Rotweinessig in einem Schraubglas durch kräftiges Schütteln vermischen. Wie oben beschrieben über den Spargel geben.

Curry-Dhal mit Spinat

Für **4 Personen**
Zubereitungszeit **5 Minuten**
Kochzeit **15 Minuten**

500 g rote **Linsen**
100 g **Butter**
1 **Zwiebel**, in Spalten geschnitten
1 **Knoblauchzehe**, zerdrückt
2 EL **Apfelessig**
1 EL gemahlener **Koriander**
1 TL **Kurkuma**
1 TL gemahlener **Kreuzkümmel**
2 EL mittelscharfes **Currypulver**
½ TL **Chilipulver**
175 g **Blattspinat**, gehackt
1 TL **Garam Masala**
Salz und Pfeffer

Zum Servieren
8 **Chapatis**
Mango-Chutney

Die Linsen in reichlich ungesalzenem kochendem Wasser 12 Minuten kochen, bis sie weich sind, aber noch nicht zerfallen.

Unterdessen die Butter in einem Topf zerlassen. Die Zwiebel darin 8 Minuten glasig dünsten. Den Knoblauch zufügen und 1 Minute andünsten. Essig und alle Gewürze bis auf das Garam Masala zugeben und 2 Minuten anschwitzen.

Die Linsen abgießen und mit dem Spinat zur Gewürzmischung geben. Erhitzen, bis der Spinat zerfallen ist. Abschmecken, Garam Masala unterrühren und sofort mit viel indischem Fladenbrot (Chapati) und Mango-Chutney servieren.

Für ein Kartoffel-Spinat-Curry 500 g Kartoffeln würfeln, 10 Minuten gerade weich kochen und anstelle der Linsen verwenden. Die Spinatmenge auf 500 g erhöhen. Mit gerösteten gehackten Cashewkernen bestreut servieren.

Kichererbsen-Pitabrot-Salat

Für **4 Personen**
Zubereitungszeit **15 Minuten**
Kochzeit **4 Minuten**

3 **Pitabrote**
1 **Knoblauchzehe**, geschält und halbiert
1 **grüne Paprika**, in dünne Streifen geschnitten
10–12 **Radieschen**, in dünne Scheiben geschnitten
1 Dose (400 g) **Kichererbsen**, abgespült und abgetropft
15 g **Petersilie**, gehackt
15 g **Minze**, gehackt
2 reife **Tomaten**, entkernt und gewürfelt
½ **rote Zwiebel**, fein gehackt, oder 4 Frühlingszwiebeln, in dünne Ringe geschnitten
½ **Gurke**, entkernt und gewürfelt
75 ml **Olivenöl**
3 EL **Zitronensaft**
1 EL **Tahini** (optional)
1 TL **Sumach** (optional)
8 **Romanasalatblätter**, zum Servieren

Eine Grillpfanne erhitzen und die Pitabrote darin auf jeder Seite 2 Minuten knusprig toasten. Aus der Pfanne nehmen und sofort mit der Schnittfläche der Knoblauchzehe einreiben. Das Brot in Würfel schneiden.

Brotwürfel, Paprika, Radieschen, Kichererbsen, Petersilie, Minze, Tomaten, Zwiebel und Gurke mischen. Öl, Zitronensaft und nach Wunsch Tahini zugeben und gründlich umrühren. In eine große Salatschale geben und nach Wunsch mit dem Sumach bestreuen.

Je 2 Salatblätter auf Tellern servieren und die Gäste sich selbst bedienen lassen.

Für einen Cannellini-Baguette-Salat die Pitabrote durch Baguettewürfel ersetzen: im vorgeheizten Ofen bei 180 °C 15 Minuten knusprig und goldbraun rösten. Die Kichererbsen durch Cannellinibohnen und das Tahini durch 2 Esslöffel Pesto ersetzen. Sumach und Knoblauch weglassen.

Taboulé mit Pistazien und Pflaumen

Für **4 Personen**
Zubereitungszeit **10 Minuten** plus Quellzeit

150 g **Bulgur**
75 g **ungesalzene Pistazienkerne**
1 kleine **rote Zwiebel**, fein gehackt
3 **Knoblauchzehen**, zerdrückt
25 g **glatte Petersilie**, gehackt
15 g **Minze**, gehackt
fein abgeriebene Schale und Saft von 1 **unbehandelten Zitrone** oder Limette
150 g **Trockenpflaumen**, in Scheiben geschnitten
4 EL **Olivenöl**
Salz und Pfeffer

Bulgur in einer Schüssel mit reichlich kochendem Wasser bedecken und 15 Minuten quellen lassen.

Unterdessen die Pistazien in einer anderen Schüssel mit kochendem Wasser bedecken. 1 Minute stehen lassen, dann abgießen. Die Kerne zwischen mehreren Lagen Küchenpapier reiben, um den Großteil der Haut zu entfernen, verbleibende Hautreste mit den Fingern abziehen.

Pistazien, Zwiebel, Knoblauch, Petersilie, Minze, Zitronen- bzw. Limettenschale und -saft sowie Pflaumen in einer großen Schüssel mischen.

Den Bulgur in ein Sieb geben und mit der Rückseite eines Löffels möglichst viel Feuchtigkeit herausdrücken. Mit dem Öl zu den restlichen Zutaten geben und gut umrühren. Mit Salz und Pfeffer würzen und bis zum Servieren kalt stellen.

Für ein klassisches Taboulé Pistazien und Trockenpflaumen durch 6 gewürfelte Tomaten und 50 g gehackte schwarze Oliven ersetzen. Nur 2 Knoblauchzehen und auf jeden Fall eine Zitrone (keine Limette) verwenden.

Halloumi mit Gurkensalat

Für **4 Personen**
Zubereitungszeit **10 Minuten**
Kochzeit **5–6 Minuten**

1 **Gurke**, in lange, dünne Bänder geschnitten
20 entsteinte **schwarze Oliven**
2 EL gehackte **Petersilie**
2 EL gehackte **Minze**
1 **grüne Paprika**, gewürfelt
8 **Radieschen**, in Stifte geschnitten
2 **Frühlingszwiebeln**, in dünne Ringe geschnitten (optional)
2 EL **Zitronensaft**
4 EL **Olivenöl**
8 dicke Scheiben **Baguette oder Bauernbrot**
1 EL fein abgeriebene **unbehandelte Zitronenschale**
250 g **Halloumi**, in Scheiben geschnitten
Pfeffer

Gurke, Oliven, Kräuter, Paprika, Radieschen und Frühlingszwiebeln mit dem Zitronensaft und 3 Esslöffeln Öl mischen. Mit Pfeffer würzen und beiseite stellen.

Eine Brat- oder Grillpfanne auf mittlerer bis hoher Stufe erhitzen und die Brotscheiben darin auf jeder Seite 1–2 Minuten goldbraun toasten. Zitronenschale und das restliche Öl verrühren. Den Käse darin wenden, dann pfeffern und in der Pfanne unter einmaligem Wenden 3–4 Minuten zartbraun braten.

Den gebratenen Käse auf den Brotscheiben anrichten und mit dem Salat servieren.

Für einen Tomaten-Avocado-Salat mit Minze

4 reife Flaschentomaten und 1 reife, aber feste Avocado grob würfeln, ½ rote Zwiebel in sehr dünne Spalten schneiden. 2 Esslöffel Olivenöl, 2 Esslöffel frisch gehackte Minze und den Saft von ½ Zitrone zugeben und gut umrühren.

Orangen-Avocado-Salat

Für **4 Personen**
Zubereitungszeit **15 Minuten**

4 große saftige **Orangen**
2 kleine reife **Avocados**, geschält und entsteint
2 TL **Kardamomkapseln**
3 EL **Olivenöl**
1 EL **Honig**
1 Prise gemahlener **Piment**
2 TL **Zitronensaft**
Salz und Pfeffer
Brunnenkressezweige, zum Garnieren

Schale und Weißes von den Orangen abschneiden. Die Orangenfilets durch Schnitte entlang der Trennwände auslösen, dabei den Saft in einer Schüssel auffangen. Die Avocados in Scheiben schneiden und vorsichtig mit den Orangenfilets mischen. Auf Teller verteilen.

Ein paar ganze Kardamomkapseln zum Garnieren beiseite legen. Die restlichen Kapseln vorsichtig im Mörser zerstoßen, die Samen herausnehmen und die Kapselschalen wegwerfen.

Kardamomsamen, Öl, Honig, Piment und Zitronensaft verrühren. Mit Salz und Pfeffer würzen und den aufgefangenen Orangensaft unterrühren. Den Salat mit Brunnenkresse und den aufbewahrten Kardamomkapseln garnieren und mit dem Dressing beträufelt servieren.

Für einen Orangen-Walnuss-Salat 2 große Orangen wie oben filetieren und die Filets mit 1 zerdrückten Knoblauchzehe, 75 g gehackten Walnüssen und 4 in dünne Streifen geschnittenen Chicorées vermischen. 3 Esslöffel Walnussöl und ½ Teelöffel Zucker unterrühren. Mit Walnusshälften garniert servieren.

Spargel-Zuckererbsen-Pfanne

Für **4 Personen**
Zubereitungszeit **10 Minuten**
Kochzeit **7–9 Minuten**

2 EL **Pflanzenöl**
100 g **frischer Ingwer**, geschält und in dünne Stifte geschnitten
2 große **Knoblauchzehen**, in dünne Scheiben geschnitten
4 **Frühlingszwiebeln**, diagonal in Ringe geschnitten
250 g dünner **grüner Spargel**, in 3 cm lange Stücke geschnitten
150 g **Zuckererbsen**, diagonal halbiert
150 g **Bohnensprossen**
3 EL **helle Sojasauce**

Zum Servieren
gekochter Reis
zusätzliche **Sojasauce** (optional)

Einen großen Wok sehr stark erhitzen, dann das Öl hineingeben. Ingwer und Knoblauch darin unter Rühren 30 Sekunden anbraten. Die Frühlingszwiebeln zugeben und 30 Sekunden anbraten. Den Spargel zufügen und unter häufigem Rühren 3–4 Minuten anbraten.

Die Zuckererbsen zugeben und 2–3 Minuten anbraten (das Gemüse sollte noch knackig sein, aber gerade weich zu werden beginnen). Abschließend die Bohnensprossen zufügen und 1–2 Minuten anbraten, dann die Sojasauce unterrühren und den Wok vom Herd nehmen.

Sofort mit Reis und nach Wunsch mit zusätzlicher Sojasauce servieren.

Für Omeletts mit Gemüsefüllung pro Omelett
3 Eier mit 2 Esslöffeln Wasser sowie Salz und Pfeffer verquirlen. In einer Pfanne backen, bis die Eimischung leicht gestockt ist. Ein Viertel der gebratenen Gemüsemischung in die Mitte geben und das Omelett zusammenfalten. Beiseite stellen, warm halten und drei weitere Omeletts zubereiten.

Erbsen-Porree-Omelett

Für **4 Personen**
Zubereitungszeit
5–6 Minuten
Koch- und Backzeit
19–22 Minuten

250 g **neue Kartöffelchen**
75 g **Butter**
1 EL **Olivenöl**
500 g **Porree**, in 1 cm dicke Ringe geschnitten
200 g tiefgefrorene oder frische **Erbsen**
6 **Eier**
150 ml **Milch**
2 EL gehackter **Schnittlauch**
125 g **Fetakäse** mit Knoblauch und Schnittlauch
Salz und Pfeffer

Zum Servieren
125 g **Blattsalat**
4 EL küchenfertiges **Salatdressing**

Die Kartöffelchen in kochendem Wasser 10 Minuten gerade gar kochen.

Unterdessen Butter und Öl in einer großen Pfanne erhitzen. Den Porree darin abgedeckt unter häufigem Rühren 8–10 Minuten weich dünsten. Die Erbsen untermischen.

Die Kartöffelchen abgießen, vierteln, in die Pfanne geben und 2–3 Minuten anbraten.

Eier, Milch und Schnittlauch verquirlen, mit Salz und Pfeffer würzen und in die Pfanne gießen. Mit einem Wender umrühren, sodass das ganze Gemüse gut mit Ei benetzt ist, dann den Fetakäse darüberbröckeln. Bei mittlerer Hitze 2–3 Minuten braten, bis das Ei zu stocken beginnt.

Unter dem vorgeheizten Backofengrill 3–4 Minuten überbacken, bis das Omelett ganz gestockt und goldbraun ist. In Stücke geteilt servieren, dazu mit Dressing angemachte Blattsalate reichen.

Für ein schnelles Kräuter-Salatdressing 6 Esslöffel Olivenöl, 2 Esslöffel Weinessig, 3 EL gehackte Petersilie, ½ kleine geriebene Zwiebel, ½ Teelöffel Senf, ¼ Teelöffel Zucker und etwas gemahlenen Koriander verquirlen. Mit Salz und Pfeffer abschmecken.

Wildreissalat mit Ziegenkäse

Für **4 Personen**
Zubereitungszeit **10 Minuten**
Kochzeit **ca. 15 Minuten**

- 250 g **gemischter Langkorn- und Wildreis**
- 100 g **Keniabohnen**
- 4 EL **Olivenöl**
- 3 **rote Zwiebeln**, in dünne Spalten geschnitten
- 150 ml **Balsamico**
- 1 TL gehackter **Thymian**
- 125 g **Ziegenkäse**, in Scheiben geschnitten
- 8 **Kirschtomaten**, halbiert
- 1 kleines Bund **Basilikum**
- **Salz und Pfeffer**

Den Reis in leicht gesalzenem kochendem Wasser 15 Minuten oder gemäß Packungsanweisung weich kochen. 2 Minuten vor Ende der Kochzeit die Bohnen zufügen. Alles abgießen und beiseite stellen.

Unterdessen das Öl in einer großen Pfanne erhitzen. Die Zwiebeln darin auf mittlerer Stufe 12 Minuten glasig und goldbraun dünsten. Balsamico und Thymian zufügen und mit Salz und Pfeffer würzen. 2–3 Minuten köcheln und leicht einkochen lassen.

Die Zwiebelmischung zum Reis und den Bohnen geben, umrühren und abkühlen lassen. Den abgekühlten Reissalat auf tiefen Tellern anrichten, Käse, Tomaten und Basilikum darüberstreuen und servieren.

Für einen Graupensalat mit Räucherkäse den Reis durch dieselbe Menge Graupen ersetzen und 25–35 Minuten in kochendem Wasser weich kochen. Anstelle des Ziegenkäses gewürfelten Räucherkäse verwenden.

Kartoffel-Käse-Gratin mit Chicorée

Für **4 Personen**
Zubereitungszeit **10 Minuten**
Koch- und Backzeit
  43–45 Minuten

1,5 kg **mehlig kochende Kartoffeln**, geschält und in 3–4 mm dicke Scheiben geschnitten
50 g **Butter**
1 EL **Olivenöl**
1 **Zwiebel**, in Spalten geschnitten
3 **Knoblauchzehen**, gehackt
200 g **Gouda**, gerieben
400 g **Sahne** oder **Crème fraîche**
375 g **Reblochon** oder **Brie**, in Scheiben geschnitten
Salz und **Pfeffer**

Zum Servieren
3–4 **Chicorées**, in Blätter zerteilt
küchenfertige Vinaigrette

Die Kartoffeln in leicht gesalzenem kochendem Wasser 10 Minuten kochen, dann abgießen.

Butter und Öl in einem mittelgroßen Topf erhitzen. Die Zwiebel darin 5 Minuten glasig und goldgelb dünsten. Den Knoblauch zufügen und 2 Minuten andünsten.

Gouda und Sahne bzw. Crème fraîche zugeben. Unter Rühren erhitzen, bis der Käse geschmolzen ist. Abschmecken.

Die Hälfte der Kartoffeln in einer leicht gebutterten Auflaufform verteilen, die Hälfte der Käsescheiben darauflegen und die Hälfte der Käsesauce darübergießen. Die restlichen Kartoffelscheiben darauf verteilen, mit der restlichen Käsesauce übergießen und mit den restlichen Käsescheiben abschließen.

Im vorgeheizten Ofen bei 220 °C 30–35 Minuten goldbraun backen. Sofort mit Chicorée und Dressing servieren.

Für ein italienisches Gratin Gouda und Reblochon durch 150 g geriebenen Pecorino und 400 g Fontina ersetzen. Vor dem Backen mit 1 Teelöffel getrockneten italienischen Kräutern und 1 Teelöffel fein gehacktem Rosmarin bestreuen.

Spaghetti mit Roter Bete und Kürbis

Für **4 Personen**
Zubereitungszeit **8 Minuten**
Kochzeit **10 Minuten**

300 g **getrocknete Spaghetti oder Fusilli**
150 g **Keniabohnen**
500 g **Butternusskürbis**, geschält, entkernt und in 1 cm große Würfel geschnitten
4 EL **Olivenöl**
500 g **Rote Bete**, in 1 cm große Würfel geschnitten
50 g **Walnüsse**, grob gehackt
150 g **Ziegenkäse**, gewürfelt
2 EL **Zitronensaft**
frisch geriebener **Parmesan**, zum Servieren (optional)

Die Nudeln in leicht gesalzenem kochendem Wasser 10 Minuten *al dente* garen. 2 Minuten vor Ende der Kochzeit Bohnen und Kürbis zufügen.

Unterdessen das Öl in einer großen Pfanne erhitzen. Die Roten Bete darin unter gelegentlichem Rühren 10 Minuten gerade weich braten.

Die abgetropfte Nudelmischung mit Walnüssen und Ziegenkäse in die Pfanne geben und alles gut vermischen. Mit dem Zitronensaft beträufeln und sofort servieren. Nach Wunsch ein Schälchen Parmesan dazu reichen.

Für Spaghetti mit Karotten und Kürbis statt der Roten Bete dieselbe Menge Minikarotten verwenden und 5 Minuten in kochendem Wasser weich kochen. Die Kürbiswürfel mit 4 Knoblauchzehen und dem Öl im vorgeheizten Ofen bei 240 °C 40 Minuten weich rösten. Den Ziegenkäse durch Harvarti oder Gorgonzola ersetzen.

Linguine mit Borlottibohnen

Für **4 Personen**
Zubereitungszeit **10 Minuten**
Kochzeit **12 Minuten**

- 400 g **getrocknete Linguine**
- 4 EL **Olivenöl**, plus zusätzliches zum Beträufeln (optional)
- 1 **rote Zwiebel**, fein gehackt
- 2 **Selleriestangen**, gehackt
- 1 **Zucchini**, gerieben
- 1 **Knoblauchzehe**, gehackt
- 1 Dose (400 g) **Borlottibohnen**, abgespült und abgetropft
- 4 EL gehackte **Petersilie**, plus zusätzliche zum Garnieren
- 6 **getrocknete Tomaten**, gehackt
- fein abgeriebene Schale und Saft von 1 **unbehandelten Zitrone**

Die Nudeln in leicht gesalzenem kochendem Wasser 10 Minuten oder gemäß Packungsanweisung garen. Abgießen und warm halten.

Unterdessen das Öl in einer Pfanne auf mittlerer Stufe erhitzen. Zwiebel und Sellerie darin 8 Minuten weich und zartbraun dünsten. Zucchini und Knoblauch zufügen und unter Rühren 1–2 Minuten anbraten.

Bohnen, Petersilie, Tomaten, Zitronenschale und Zitronensaft in die Pfanne geben und gut umrühren. 1 Minute erhitzen, dann vom Herd nehmen.

Die Gemüsemischung zu den Nudeln geben und umrühren. Sofort mit Petersilie bestreut und nach Wunsch mit zusätzlichem Olivenöl beträufelt servieren.

Für Knusper-Linguine mit Spargel 2–3 Scheiben Weißbrot im Mixer zu Bröseln verarbeiten. Brösel, fein abgeriebene Schale von 1 unbehandelten Zitrone, 1 zerdrückte Knoblauchzehe, 2 Esslöffel fein geriebener Parmesan, 2 Esslöffel Pinienkerne sowie Salz und Pfeffer gut mischen, dann in einer großen Pfanne mit 1 Esslöffel Olivenöl 3–4 Minuten goldbraun und knusprig rösten. 125 g dünne grüne Spargelspitzen längs in Scheiben schneiden, 1 Minute in kochendem Wasser blanchieren und abgießen. Mit den Linguine, dem Saft von 1 Zitrone und viel schwarzem Pfeffer mischen. Mit der Knuspermischung bestreut servieren.

Bunter Limetten-Quinoa-Salat

Für **4 Personen**
Zubereitungszeit **15 Minuten**
Kochzeit **15–20 Minuten**

150 g **Quinoa**, abgespült
1 kleine **gelbe Paprika**, gewürfelt
1 kleine **rote Paprika**, gewürfelt
4 **Frühlingszwiebeln**, in Ringe geschnitten
⅓ **Gurke**, entkernt und gewürfelt
½ **Fenchel**, fein gewürfelt
2 EL fein gehackte **krause Petersilie**
2 EL fein gehackte **Minze**
2 EL fein gehackter **Koriander**
Saft und fein abgeriebene Schale von 2 **unbehandelten Limetten**
2 EL **Sonnenblumenkerne**
8 **Physalis**, geviertelt

Dressing
4 TL **Harissa**
Saft und fein abgeriebene Schale von 2 **unbehandelten Limetten**
8 EL **Sonnenblumenöl**
Salz und Pfeffer

Das Quinoa in einen Topf mit kaltem Wasser geben, zum Kochen bringen und 15–20 Minuten gerade weich kochen. Abgießen und gründlich mit kaltem Wasser abspülen.

Unterdessen für das Dressing Harissa, Limettensaft, Limettenschale und Öl verrühren. Mit Salz und Pfeffer würzen und beiseite stellen.

Das gekochte Quinoa mit Paprika, Frühlingszwiebeln, Gurke, Fenchel, Kräutern, Limettensaft und -schale sowie 1 Esslöffel Sonnenblumenkernen mischen.

Physalis und die restlichen Sonnenblumenkerne über den Salat streuen. Mit dem Dressing servieren.

Für Ofenkartoffeln mit Quinoa-Salat 4 große Kartoffeln (je 400 g) rundum mit einer Gabel einstechen, mit Olivenöl bestreichen, mit etwas Salz bestreuen und im vorgeheizten Ofen bei 220 °C 1 Stunde weich backen (die Haut sollte knusprig sein). Den Quinoa-Salat wie oben zubereiten, jedoch Limetten, Sonnenblumenkerne und Physalis weglassen. 200 g saure Sahne mit 2 Esslöffeln gehacktem Schnittlauch und etwas Muskat verrühren. Die Ofenkartoffeln mit dem Salat füllen und die saure Sahne daraufgeben (ersetzt das Dressing).

Wassermelonensalat mit Feta

Für **4 Personen**
Zubereitungszeit **10 Minuten**
Kochzeit **2 Minuten**

1 EL **schwarze Sesamkörner**
500 g **Wassermelone**, geschält, entkernt und gewürfelt
175 g **Feta**, gewürfelt
300 g **Rucola**
Minze-, Petersilie- und Korianderzweige
6 EL **Olivenöl**
1 EL **Orangenblütenwasser**
1½ EL **Zitronensaft**
1 TL **Granatapfelsirup** (optional)
½ TL **Zucker**
Salz und Pfeffer

Eine Pfanne erhitzen und den Sesam darin ohne Fett 2 Minuten anrösten. Beiseite stellen.

Wassermelone, Feta, Rucola und Kräuter auf einer großen Platte anrichten.

Öl, Orangenblütenwasser, Zitronensaft, Granatapfelsirup und Zucker verquirlen. Mit Salz und Pfeffer abschmecken, dann über den Salat träufeln. Mit dem Sesam bestreuen und mit getoastetem Pitabrot servieren.

Für einen schnellen Feta-Tomatensalat 500 g gehäutete, klein geschnittene Tomaten mit 250 g gewürfeltem Feta und 50 g entsteinten schwarzen Oliven mischen. 3 Esslöffel Olivenöl, 2 gehackte Knoblauchzehen und ½ Teelöffel Zucker verrühren und über den Salat träufeln. Mit reichlich schwarzem Pfeffer gewürzt servieren.

Überbackene Käse-Polenta

Für **4 Personen**
Zubereitungszeit **8 Minuten**
Koch- und Backzeit
 25–30 Minuten

200 g geröstete **rote Paprika** in Olivenöl
1 kg verzehrfertig zubereitete **Polenta**, in 5 mm dicke Scheiben geschnitten
150 g **Fontinakäse**, gerieben
150 g **Pecorino**, gerieben
1 **Knoblauchzehe**, gehackt
350 g **passierte Tomaten**
1 TL fein abgeriebene **unbehandelte Zitronenschale**
1 Prise **Zucker**
1 kleines Bund **Basilikum**, in Streifen geschnitten, plus zusätzlich ganze Blätter zum Garnieren
Salz und Pfeffer

Die Paprika abtropfen lassen und in Streifen schneiden, dabei 3 Esslöffel vom Öl aufbewahren.

Die Hälfte der Polentascheiben in eine leicht gebutterte Auflaufform legen und mit je der Hälfte der Paprikastreifen und der beiden Käsesorten bestreuen.

Den Schichtvorgang einmal wiederholen und alles im vorgeheizten Ofen bei 240 °C 15 Minuten backen.

Unterdessen das aufbewahrte Paprikaöl in einem Topf erhitzen. Den Knoblauch darin auf mittlerer Stufe weich und goldgelb dünsten. Die restlichen Zutaten unterrühren und mit Salz und Pfeffer würzen. Zum Kochen bringen, herunterschalten und 15–20 Minuten köcheln lassen.

Die Polenta unter dem vorgeheizten Backofengrill 5 Minuten goldbraun überbacken. Mit Basilikumblättern garnieren und sofort mit der Tomatensauce servieren.

Für Grießschnitten statt Polenta 250 g Weizengrieß mit dem Schneebesen in 900 ml kochende Milch einrühren, herunterschalten und unter ständigem Rühren 5 Minuten köcheln und eindicken lassen. Etwas Butter zugeben, dann in eine 1-kg-Terrine füllen und im vorgeheizten Ofen bei 180 °C backen, bis die Masse fest ist. In Scheiben schneiden und wie oben beschrieben schichten und überbacken.

Desserts

Erdbeer-Götterspeise

Für **6 Personen**
Zubereitungszeit **10 Minuten**
  plus Einweich- und Kühlzeit
Kochzeit **5 Minuten**

450 g **Erdbeeren**, entstielt
100 g **Zucker**
500 ml **weißer Traubensaft**
2 Päckchen **Gelatinepulver**
  oder 6 Blatt **Gelatine**
75 ml **Cassislikör** (optional)

Drei Viertel der Erdbeeren grob zerkleinern und mit Zucker und 300 ml kochendem Wasser im Mixer glatt pürieren, dann durch ein feines Sieb streichen.

200 ml Traubensaft in eine hitzebeständige Schüssel geben, die Gelatine daraufstreuen und 10 Minuten einweichen lassen. Die Schüssel über einen Topf mit köchelndem Wasser setzen und die Gelatine unter Rühren auflösen. Abkühlen lassen, dann den restlichen Traubensaft, die passierten Erdbeeren und nach Wunsch den Cassislikör unterrühren.

Die restlichen Erdbeeren auf 6 große Weingläser verteilen, die flüssige Geleemischung darübergeben und die Götterspeise im Kühlschrank erstarren lassen.

Für Himbeer-Sektgelees die Erdbeeren durch Himbeeren ersetzen und den Cassislikör weglassen. Die Gelatine in nur 100 ml Traubensaft auflösen und nach dem Abkühlen 400 ml weißen Sekt zugeben. Wie oben beschrieben fortfahren.

Schoko-Panini mit Datteln

Für **4 Personen**
Zubereitungszeit **10 Minuten**
  plus Abkühlzeit
Koch- und Backzeit
  26–28 Minuten

- 25 g ganze **blanchierte Mandeln**
- 2 EL **Puderzucker**
- 75 g **weiße Schokolade**, fein gerieben
- 8 **weiche Datteln**, entsteint und gehackt
- 25 g **gehobelte Mandeln**, leicht geröstet
- 8 Scheiben **Brioche oder Hefezopf**, beidseitig gebuttert
- 50 g **Sahne**, geschlagen

Die blanchierten Mandeln in ein Sieb geben und mit etwas kaltem Wasser besprenkeln. Überschüssiges Wasser abschütteln, die Mandeln auf ein mit Backpapier belegtes Blech geben und den Puderzucker darübersieben. Im vorgeheizten Ofen bei 180 °C 20 Minuten kandieren lassen.

Die Mandeln aus dem Ofen nehmen und abkühlen lassen, dann in einen Gefrierbeutel geben und mit dem Nudelholz grob zerstoßen.

Schokolade, Datteln und gehobelte Mandeln mischen und auf 4 der gebutterten Briochescheiben verteilen. Die restlichen 4 Scheiben daraufsetzen.

Eine Grillpfanne auf mittlerer Stufe erhitzen. Die Briochesandwiches darin 3–4 Minuten toasten, dann wenden und auf der anderen Seite ebenfalls 3–4 Minuten toasten.

Die Panini diagonal halbieren, mit dem Mandelkrokant bestreuen und sofort mit der Schlagsahne servieren.

Für gefüllte Arme Ritter die Briochescheiben durch Toastbrot ersetzen. Die gefüllten Toasts in eine Mischung aus 2 verquirlten Eiern, 4 Esslöffeln Milch und 1 Esslöffel Zucker tauchen und in Butter auf beiden Seiten goldbraun ausbacken. Mandelkrokant und Sahne weglassen und stattdessen mit Honig oder Ahornsirup servieren.

Pfirsichpüree mit Heidelbeeren

Für **4 Personen**
Zubereitungszeit **8 Minuten**
Kochzeit **8–10 Minuten**

25 g gemahlene **Haselnüsse**
25 g gemahlene **Mandeln**
25 g **Zucker**
25 g **Semmelbrösel**
1 Dose (410 g) **Pfirsiche** im eigenen Saft
125 g **Heidelbeeren**
150 g **Sahne**
Samen von 1 **Vanilleschote**
1 EL **Puderzucker**, gesiebt

Haselnüsse, Mandeln, Zucker und Semmelbrösel in einer großen Pfanne bei mittlerer Hitze unter ständigem Rühren zartbraun rösten. Vom Herd nehmen und abkühlen lassen.

Die Pfirsiche im Mixer pürieren, dabei so viel Pfirsichsaft zugeben, dass eine glattes Püree entsteht.

Die Heidelbeeren vorsichtig unterheben (einige Beeren zum Dekorieren aufbewahren) und das Püree auf 4 Gläser verteilen.

Die Sahne mit Vanille und Puderzucker schlagen, bis sie dick, jedoch nicht steif ist, und auf die Pfirsichpürees geben. Mit der abgekühlten Nussmischung bestreuen und mit den aufbewahrten Heidelbeeren dekoriert servieren.

Für ein Apfelmus mit Brombeeren 450 g Kochäpfel schälen, mit 2–3 Esslöffeln Zucker und 2 Esslöffeln Wasser weich kochen und pürieren. 125 g Brombeeren unter das Apfelmus heben, dann wie oben beschrieben fortfahren. Für eine Nuss-Keksmischung die Semmelbrösel durch zerstoßene Butterkekse ersetzen, den Zucker auf 1 Esslöffel reduzieren und alles wie oben anrösten.

Pfannküchleinberg mit Ahornsirup

Für **4 Personen**
Zubereitungszeit **10 Minuten**
Kochzeit **6 Minuten**

1 **Ei**
100 g **Mehl**
125 ml **Milch**
2½ EL **Pflanzenöl**
1 EL **Zucker**
Ahornsirup, zum Beträufeln
8 Kugeln **Vanilleeis**

Ei, Mehl, Milch, Öl und Zucker im Mixer zu einem glatten Teig verarbeiten.

Eine große Pfanne auf mittlerer Stufe erhitzen. 4 halbe Schöpfkellen vom Teig hineingeben, um 4 Pfannküchlein zuzubereiten.

Die Küchlein 1 Minute backen, bis sie an der Oberseite zu stocken beginnen, dann wenden und die andere Seite ebenfalls 1 Minute backen.

Mit dem restlichen Teig ebenso verfahren und insgesamt 12 Pfannküchlein backen.

Zum Auftragen bei Tisch alle Pfannküchlein zu einem Berg übereinander stapeln und mit dem Ahornsirup beträufeln. Am Tisch dann jedem Gast 3 Pfannküchlein und 2 Kugeln Eis servieren.

Für Pfannküchlein mit Orangengeschmack einen Teig aus 125 g Mehl, je 2 Teelöffeln Zucker und abgeriebener Orangenschale, je 1 Teelöffel Weinstein und hellem Sirup, je ½ Teelöffel Salz und Natron, 1 Ei, 125 ml warmer Milch und ein paar Tropfen Orangenaroma zubereiten. Den Teig wie oben beschrieben backen.

Weiße Mousse au Chocolat

Für **4 Personen**
Zubereitungszeit **5 Minuten**
  plus Kühlzeit
Kochzeit **10 Minuten**

125 g **Zucker**
50 g **Pistazienkerne**
200 g **weiße Schokolade**, gehackt
275 g **Sahne**

Den Zucker mit 4 Esslöffeln Wasser in einem kleinen Topf bei schwacher Hitze auflösen. Hochschalten und kochen, bis der Zucker zu karamellisieren beginnt. Die Pistazien unterrühren, dann die Mischung auf ein Backpapier geben und erstarren lassen.

Die Schokolade in eine Schüssel geben. Die Sahne in einem Topf zum Kochen bringen, direkt über die Schokolade gießen und rühren, bis die Schokolade geschmolzen ist. Im Kühlschrank komplett erkalten lassen, dann mit dem Handrührgerät zu einer dicken Creme aufschlagen.

Auf Gläser verteilen und mit den gebrochenen Pistazienkrokantsplittern dekoriert servieren.

Für eine dunkle Mousse au Chocolat mit Orange
die weiße Schokolade durch Halbbitterschokolade ersetzen, ¼ Teelöffel Orangenessenz zur geschmolzenen Schokolade geben und für den Krokant gehackte Walnüsse anstelle der Pistazien verwenden.

Beschwipste Orangenscheiben

Für **4 Personen**
Zubereitungszeit **10 Minuten**
Kochzeit **12 Minuten**

4 große **Orangen**
50 g **brauner Zucker**
3 EL **Cointreau**
2 EL **Whisky**
Saft von 1 kleinen **Orange**
1 **Vanilleschote**, längs geteilt
1 **Zimtstange**
4 **Nelken**
2–3 **Muskatblüten** (optional)
Vanille- oder Ingwereis, zum Servieren

Die Orangen oben und unten abschneiden, dann entlang der Wölbung schneiden, um Schale und Weißes komplett zu entfernen. Das Fruchtfleisch quer in 5 mm dicke Scheiben schneiden und beiseite stellen.

50 ml Wasser, Zucker, 2 Esslöffel Cointreau, Whisky, Orangensaft, Vanilleschote, Zimtstange, Nelken und nach Wunsch Muskatblüten langsam erhitzen, bis sich der Zucker aufgelöst hat. Hochschalten und 5 Minuten sprudelnd kochen lassen. Leicht abkühlen lassen, aber warm halten.

Eine Grillpfanne auf hoher Stufe erhitzen. Die Orangenscheiben darin auf jeder Seite 1 Minute braten und leicht karamellisieren lassen. Den restlichen Cointreau darübergeben und anzünden. Wenn die Flammen verloschen sind, die Orangenscheiben auf Tellern anrichten und mit dem Orangensirup beträufeln.

Sofort mit einer Kugel Eis servieren.

Für alkoholfreie Orangenscheiben 6 unbehandelte Orangen wie beschrieben in Scheiben schneiden und in eine flache Schüssel legen. Das Weiße von der Orangenschale entfernen und die Schale in dünne Streifen schneiden. Die Streifen in einem Topf knapp mit Wasser bedecken und zum Kochen bringen, dann sofort in kaltem Wasser abschrecken. In einen sauberen Topf geben, erneut mit Wasser bedecken und 25 Minuten köcheln lassen. 175 g Zucker in 150 ml Wasser auflösen, kurz aufkochen, dann 2 Esslöffel Zitronensaft unterrühren. Die abgetropfte Orangenschale zugeben und alles über die Orangenscheiben geben. Gekühlt mit Eis servieren.

Schokoladenschmaus

Für **4 Personen**
Zubereitungszeit **8 Minuten**

8–12 **Schokoladenkekse**, zerstoßen
25 g **Butter**, zerlassen
1 Packung (500 ml) **Schokoladeneis**, leicht angetaut
2 EL **Karamellsauce** (optional)
weiße Schokoladenspäne, zum Dekorieren
Milchschokoladenspäne, zum Dekorieren

Die zerstoßenen Kekse mit der zerlassenen Butter mischen, auf 4 Dessertschalen verteilen und fest hineindrücken.

Das Schokoladeneis zu Kugeln portionieren und auf den Keksboden geben. Nach Wunsch mit der Karamellsauce beträufeln. Mit den Schokoladenspänen dekoriert sofort servieren.

Für Schoko-Himbeer-Eisbecher die Kekse durch 20 Minibaisers ersetzen und die Butter weglassen. Eis, Baisers und 200 g Himbeeren in Gläser schichten. Mit flüssiger Sahne beträufeln und mit geriebener Schokolade dekoriert servieren.

Feigen mit Joghurt und Honig

Für **4 Personen**
Zubereitungszeit **5 Minuten**
Kochzeit **10 Minuten**

8 reife **Feigen**
4 EL **Naturjoghurt**
2 EL flüssiger **Honig**

Die Feigen halbieren und mit der Hautseite nach unten in einer heißen Grillpfanne 10 Minuten anbraten, bis die Haut schwarz zu werden beginnt. Aus der Pfanne nehmen.

Die Feigen auf 4 Tellern anrichten und jeweils mit einem Löffel Joghurt und etwas Honig beträufelt servieren.

Für süße Toasts mit Feigen, Joghurt und Honig
4 Scheiben Brioche oder Hefezopf mit einer Mischung aus 50 g zerlassener Butter und 50 g Sahne bestreichen und unter dem Backofengrill goldbraun toasten. Die Feigen wie oben beschrieben darauf anrichten.

Zimtrisotto mit Nüssen

Für **4 Personen**
Zubereitungszeit **5 Minuten**
Kochzeit **25 Minuten**

50 g **Pekannüsse**
50 g **Haselnüsse**
50 g **Butter**
125 g **Risottoreis**
5 TL **brauner Zucker**
1 TL **Zimt**
600 ml **heiße Milch**

Pekan- und Haselnüsse in einer Pfanne bei mittlerer Hitze goldbraun rösten. Aus der Pfanne nehmen und beiseite stellen.

Die Butter in einem mittelgroßen Topf zerlassen. Den Reis darin unter Rühren 1 Minute angehen lassen.

4 Teelöffel Zucker und den Zimt in die heiße Milch einrühren. Die Milch in kleinen Portionen zum Reis geben und jeweils erst ganz vom Reis aufnehmen lassen, bevor die nächste Portion zugegeben wird. Dies dauert ungefähr 20 Minuten (der Reis sollte weich, aber noch ein wenig bissfest sein).

Das Risotto auf 4 Schalen verteilen.

Die gerösteten Nüsse mit dem restlichen Zucker im Mixer grob hacken. Über das Risotto streuen und sofort servieren.

Für ein Aprikosen-Zitrus-Risotto mit Mandeln die Pekannüsse durch 100 g gehackte getrocknete Aprikosen ersetzen und mit 2 Esslöffeln gehackter Orangeat-Zitronat-Mischung ins Risotto geben. Anstelle der Pekan- und Haselnüsse 100 g geröstete Mandeln verwenden.

Blutorangensorbet

Für **4–6 Personen**
Zubereitungszeit **25 Minuten**
  plus Kühl- und Gefrierzeit
Kochzeit **ca. 20 Minuten**

250 g **Zucker**
abgeschälte Schale von
  2 **unbehandelten**
  Blutorangen
  (ohne Weißes)
300 ml **Blutorangensaft**
gekühlter **Campari**, zum
  Servieren (optional)
Orangenschale,
  zum Dekorieren

Den Zucker mit 250 ml Wasser in einem kleinen Topf bei schwacher Hitze verrühren, bis er sich vollständig aufgelöst hat.

Die Orangenschale zugeben und hochschalten. Den Sirup ohne Rühren 12 Minuten sprudelnd aufkochen, dann beiseite stellen und vollständig abkühlen lassen.

Den erkalteten Sirup durch ein Sieb geben und mit dem Orangensaft verrühren. 2 Stunden im Kühlschrank richtig kalt werden lassen.

Den gekühlten Orangensirup in eine Eismaschine geben und 10 Minuten verarbeiten. Das halbgefrorene Sorbet in einen Plastikbehälter füllen und 1 Stunde im Gefrierschrank vollständig gefrieren lassen. Alternativ den gekühlten Orangensirup in eine flache Metallschale geben und 2 Stunden in den Gefrierschrank stellen. Herausnehmen und mit dem Handrührgerät oder einem Schneebesen durchrühren, um die Eiskristalle aufzubrechen. Zurück in den Gefrierschrank stellen und diesen Vorgang stündlich wiederholen, bis das Sorbet ganz gefroren ist.

Das Sorbet zu Kugeln portionieren, nach Wunsch mit einem Schuss gekühlten Campari übergossen und mit Orangenschalenstreifen dekoriert servieren.

Für ein Maracuja-Limetten-Sorbet 125 g Zucker in 150 ml Wasser auflösen. 5 Minuten aufkochen. Abkühlen lassen. 1 reife Maracuja entkernen, schälen und würfeln. Das Fruchtfleisch mit dem Zuckersirup im Mixer pürieren. Abgeriebene Schale und Saft von 2 unbehandelten Limetten unterrühren. Dann kalt stellen und wie beschrieben einfrieren.

Rhabarber-Himbeer-Auflauf

Für **4 Personen**
Zubereitungszeit **10 Minuten**
Backzeit **25 Minuten**

200 g **Mehl**
1 Prise **Salz**
150 g **Butter**
200 g **brauner Zucker**
500 g frischer oder
  tiefgefrorener **Rhabarber**
  (Tiefkühlware aufgetaut),
  in Stücke geschnitten
125 g frische oder
  tiefgefrorene **Himbeeren**
3 EL **Orangensaft**
Himbeer- oder **Vanilleeis**,
  zum Servieren

Mehl, Salz und Butter in einer Schüssel mit den Fingerspitzen zu einer krümeligen Mischung verarbeiten. 150 g Zucker untermischen.

Rhabarber, Himbeeren, Orangensaft und den restlichen Zucker mischen und in eine gebutterte Auflaufform geben. Die Streuselmischung darüberstreuen. Im vorgeheizten Ofen bei 200 °C 25 Minuten goldbraun backen.

Aus dem Ofen nehmen und warm mit dem Eis servieren.

Für einen Apfel-Brombeer-Auflauf Rhabarber und Himbeeren durch 450 g geschälte und klein geschnittene Äpfel und 450 g Brombeeren ersetzen. Oder für einen Pflaumen-Birnen-Auflauf 450 g entsteinte, geviertelte Pflaumen und 4 geschälte und in dünne Scheiben geschnittene Birnen verwenden.

Schokoladen-Himbeer-Soufflés

Für **4 Personen**
Zubereitungszeit **10 Minuten**
Koch- und Backzeit
  13–18 Minuten

100 g **Halbbitterschokolade**
3 **Eier**, getrennt
50 g **Mehl**, gesiebt
1 Msp. **Backpulver**
40 g **Zucker**
150 g **Himbeeren**, plus
  zusätzliche zum Servieren
  (optional)
Puderzucker,
  zum Dekorieren

Die Schokolade in Stücke brechen und in eine große hitzebeständige Schüssel geben. Über einen Topf mit köchelndem Wasser stellen und schmelzen lassen. Aus dem Wasserbad nehmen und etwas abkühlen lassen. Die Eigelbe unterrühren und das Mehl mit dem Backpulver unterheben.

Eiweiße und Zucker in einer mittelgroßen Schüssel steif schlagen. Einen Löffel Eischnee unter die Schokoladenmasse rühren, um sie zu lockern, dann vorsichtig den restlichen Eischnee unterheben.

Die Himbeeren auf 4 leicht gefettete Ramequin-Formen verteilen und die Schokoladenmasse darübergeben. Im vorgeheizten Ofen bei 190 °C 12–15 Minuten backen, bis die Soufflés schön aufgegangen sind.

Die Schokoladen-Soufflés mit Puderzucker bestäuben und nach Wunsch mit zusätzlichen Himbeeren servieren.

Für weiße Schokoladen-Mango-Soufflés die Halbbitterschokolade durch weiße Schokolade ersetzen und statt Himbeeren zu verwenden 1 Mango schälen, entsteinen, würfeln und auf die Ramequin-Formen verteilen.

Knuspriges Beerenkompott

Für **4–6 Personen**
Zubereitungszeit **10 Minuten**
Koch- und Backzeit
 20 Minuten

50 g **Haferflocken**
½ TL **Zimt**
½ TL **Lebkuchengewürz**
1 Prise gemahlener **Ingwer**
15 g **Butter**, zerlassen
1 EL **Honig**
2 EL **Sultaninen**
400 g gemischte frische oder tiefgefrorene **Beeren**
50 g **Puderzucker**, plus zusätzlichen zum Garnieren
2 EL **Cassislikör**
½ TL **Vanilleextrakt**
1 EL gehobelte **Mandeln**, geröstet, zum Garnieren

Haferflocken, Gewürze, Butter und Honig gut vermengen.

Auf ein Backblech geben, flach drücken und im vorgeheizten Backofen bei 180 °C unter einmaligem Wenden 20 Minuten backen. Aus dem Ofen nehmen und abkühlen lassen, dann die Sultaninen untermischen.

Unterdessen Beeren, Puderzucker und 1 Esslöffel Wasser in einem Topf auf mittlerer Stufe unter gelegentlichem Rühren erhitzen, bis die Beeren weich zu werden beginnen. Vom Herd nehmen. Cassislikör und Vanilleextrakt unterrühren.

Das Beerenkompott auf Schalen verteilen und die Knuspermischung darüberstreuen. Mit Mandeln und etwas Puderzucker garnieren. Sofort servieren.

Für ein knuspriges Pflaumenkompott anstelle der Beeren 500 g Pflaumen entsteinen, vierteln und in 100 ml Apfelsaft gerade weich kochen. Den Cassislikör durch Schlehenlikör ersetzen. Wie oben beschrieben anrichten.

Gebackener Zitronenpudding

Für **4 Personen**
Zubereitungszeit **10 Minuten** plus Ziehzeit
Koch- und Backzeit ca. **1 Stunde**

12 **Lorbeerblätter**, gequetscht
2 EL fein abgeriebene **unbehandelte Zitronenschale**
100 g **Sahne**
4 **Eier** plus 1 **Eigelb**
150 g **Zucker**
100 ml **Zitronensaft**

Lorbeerblätter, Zitronenschale und Sahne in einem kleinen Topf bei schwacher Hitze zum Kochen bringen. Gleich vom Herd nehmen und anschließend 2 Stunden ziehen lassen.

Eier, Eigelb und Zucker mit dem Schneebesen oder Handrührgerät zu einer dicken Creme schlagen, dann den Zitronensaft einrühren. Die Sahnemischung durch ein feines Sieb in die Eiercreme geben und unterrühren. 4 Lorbeerblätter zum Dekorieren beiseite legen.

Die Puddingmischung in 4 kleine Ramequin-Formen geben und auf ein Backblech stellen. Im vorgeheizten Ofen bei 120 °C 50 Minuten backen, bis die Puddings in der Mitte fast fest sind. Abkühlen lassen und bis zum Servieren ggf. kalt stellen. Vor dem Servieren wieder zimmerwarm werden lassen und mit den aufbewahrten Lorbeerblättern garnieren.

Für eine Pudding-Tarte 1 Esslöffel Zucker, 1 Ei, 150 ml warme Milch und 1 Prise Salz verquirlen. Eine Tarteform oder 12 Mini-Tarteformen mit 250 g Mürbeteig auskleiden, mit der Gabel einstechen und im vorgeheizten Ofen bei 200 °C 20 Minuten vorbacken. Die Puddingmischung auf den Teig geben, mit etwas geriebenem Muskat bestreuen und bei 200 °C weitere 20 Minuten backen.

Briochetoast mit Schokoladensauce

Für **4 Personen**
Zubereitungszeit **5 Minuten**
Kochzeit **12 Minuten**

100 g **Halbbitterschokolade**
1 EL heller **Sirup**
125 g **Butter**
4 EL **Sahne**
4 dicke **Brioche-** oder **Hefezopfscheiben**
100 g **brauner Zucker**
4 Kugeln **Vanille-** oder **Nusseis**
2 EL gehobelte **Mandeln**, leicht geröstet

Schokolade, Sirup, 25 g Butter und Sahne in einem kleinen Topf unter gelegentlichem Rühren erhitzen, bis die Sauce glatt und glänzend ist.

Unterdessen die restliche Butter zerlassen und die Briochescheiben damit bestreichen. Mit dem Zucker bestreuen.

Eine große Pfanne auf kleiner Stufe erhitzen. Die Briochescheiben darin auf jeder Seite 3–4 Minuten goldbraun und knusprig toasten.

Die Briochetoasts auf Dessertteller verteilen, je 1 Kugel Eis und die warme Schokoladensauce darübergeben. Mit Mandelblättern bestreut sofort servieren.

Für Eis-Brioches 4 kleine Brioches halbieren, mit jeweils 1 Kugel Schokoladeneis und Schlagsahne auf Dessertteller anrichten und mit grob gehackter Schokolade bestreut servieren.

Gestürzte Grapefruit-Küchlein

Für **6 Personen**
Zubereitungszeit **15 Minuten**
Backzeit **ca. 40 Minuten**

1 **Grapefruit**, geschält und in 6 dünne Scheiben geschnitten
6 EL **heller Sirup**
175 g **Butter**, zimmerwarm
275 g **brauner Zucker**
2 **Eier**
175 g **Mehl**
1½ TL **Backpulver**
1 Prise **Salz**
fein abgeriebene Schale von 1 **unbehandelten Limette**
2 EL **Grapefruitsaft**
2–3 EL **Milch**

Je 1 Grapefruitscheibe auf den Boden von 6 gebutterten Ramequin-Formen legen, ggf. in die Ecken drücken und mit je 1 Esslöffel Sirup beträufeln. Beiseite stellen.

Butter und Zucker schaumig schlagen. Die Eier einzeln zugeben und jeweils gründlich unterrühren. Vorsichtig Mehl, Backpulver, Salz und Limettenschale unterheben, dann Grapefruitsaft und Milch unterrühren (der Teig sollte schwer reißend vom Löffel fallen).

Den Teig auf die Formen verteilen und glatt streichen.

Die Formen in einen großen Bräter setzen und halbhoch mit kochendem Wasser umgießen. Im vorgeheizten Backofen bei 180 °C 40 Minuten goldbraun backen.

Die Formen aus dem heißen Wasser nehmen und 5 Minuten abkühlen lassen. Die Küchlein mit einem Messer vom Rand der Formen lösen und auf Teller stürzen. Sofort mit flüssiger Sahne servieren.

Für eine Vanillesauce als Sahne-Alternative für besondere Anlässe 475 ml Milch mit einer längs geteilten Vanilleschote zum Kochen bringen. Vom Herd nehmen. 6 Eigelb und 125 g Zucker in einer Schüssel gut verrühren, dann langsam die heiße Milch einrühren. Die Mischung zurück in den Topf geben, wieder auf den Herd stellen und unter ständigem Rühren eindicken lassen. Die Vanilleschote entfernen und die Sauce zu den Küchlein servieren.

Muffin-Trifle mit beschwipsten Beeren

Für **4 Personen**
Zubereitungszeit **15 Minuten**

400 g **frische gemischte Beeren**, wie z. B. Erdbeeren, rote Johannisbeeren und Himbeeren, plus zusätzliche zum Dekorieren
3 EL **Kirschlikör** oder Cherrybrandy
1 EL **Ahornsirup**
2 große **Heidelbeermuffins**, in Scheiben geschnitten
150 g **geschlagene Sahne**

Beeren, Kirschlikör und Ahornsirup in einer Schüssel mit einer Gabel leicht zerdrücken und gut mischen.

Den Boden einer Glasschale mit den Muffinscheiben auslegen. Die Beerenmischung darauf schichten und die Schlagsahne darübergeben. Mit den zusätzlichen Beeren dekoriert servieren.

Für einen Schwarzwälder-Kirsch-Trifle eine küchenfertige Schokoladenbiskuitrolle in Scheiben schneiden und den Boden einer Glasschale damit auslegen. Die Beeren durch entsteinte Schattenmorellen ersetzen. Eine Vanilleschote auskratzen, die Samen zur Sahne geben und steif schlagen. Wie oben beschrieben fertig stellen.

Schokoladen-Orangen-Brownies

Ergibt **16 Portionen**
Zubereitungszeit
15–20 Minuten
Koch- und Backzeit
30–35 Minuten

250 g **Halbbitterschokolade mit Orangengeschmack** oder normale **Halbbitterschokolade** und 5 Tropfen **Orangenaroma**
250 g **Butter**
150 g **Zucker**
4 **Eier**
fein abgeriebene Schale von
1 **unbehandelten Orange**
175 g **Mehl**
1 Prise **Salz**
1 TL **Backpulver**
150 g **Vollmilchschokolade**, grob gehackt
75 g **Macadamianüsse**, grob gehackt

Schokolade und Butter in einem schweren Topf bei sehr schwacher Hitze unter Rühren gerade schmelzen lassen. Vom Herd nehmen, den Zucker unterrühren und etwas abkühlen lassen.

Die Schokoladenmischung in eine große Schüssel geben. Eier, Orangenschale und ggf. Orangenessenz unterrühren.

Mehl, Salz und Backpulver darauf sieben, Schokoladenstücke und Macadamianüsse zufügen und alles vorsichtig unterheben.

Den Teig in eine eingefettete und mit Backpapier ausgelegte eckige Kuchenform (ca. 20 cm x 30 cm x 5 cm) geben.

Im vorgeheizten Ofen bei 180 °C 25–30 Minuten backen (der Teig sollte gar, aber nicht zu fest sein). Die Brownies in der Form abkühlen lassen, dann in Quadrate schneiden und servieren.

Für Ingwer-Schokoladen-Brownies nicht-aromatisierte Halbbitterschokolade verwenden und die Orangenschale weglassen. Stattdessen 1 Esslöffel gemahlenen Ingwer zum Mehl und 50 g gehackten kandierten Ingwer zur Schokolade geben.

Apfel-Sultaninen-Töpfchen

Für **4 Personen**
Zubereitungszeit **15 Minuten**
Kochzeit **15–23 Minuten**

2 **Lapsang-Souchong-Teebeutel** (chinesischer Rauchtee)
1 EL **Honig**
3 EL **Sultaninen**
3 **Tafel- oder Kochäpfel**, geschält, entkernt und gewürfelt
½ TL **Lebkuchengewürz**
25 g **brauner Zucker**
25 g **Butter**
150 g **Sahne**, geschlagen
weißer Zucker, nach Bedarf
Spekulatius oder Ingwerkekse, zum Servieren

Die Teebeutel mit 100 ml kochendem Wasser überbrühen. Honig und Sultaninen unterrühren. Beiseite stellen und ziehen lassen.

Äpfel, Lebkuchengewürz, braunen Zucker und Butter in einen Topf geben. Die Teebeutel entfernen und die Tee-Sultaninen-Mischung über die Äpfel geben.

Bei schwacher bis mittlerer Hitze abgedeckt unter häufigem Rühren 15–20 Minuten kochen, bis die Äpfel zu zerfallen beginnen. Zu einem groben Püree zerdrücken.

Die geschlagene Sahne zufügen und gut unterheben. Die Mischung auf 4 Ramequin-Formen verteilen.

Großzügig mit weißem Zucker bestreuen und unter dem vorgeheizten Backofengrill leicht karamellisieren. Warm oder kalt mit den Keksen servieren.

Für Himbeer-Rosenwasser-Töpfchen mit gemahlenen Mandeln 250 g frische Himbeeren und 2 Esslöffel Honig leicht mit einer Gabel zerdrücken. 1 Esslöffel Rosenwasser und 3 Esslöffel gemahlene Mandeln unterrühren. Auf 4 Ramequin-Formen verteilen und jeweils 1 Esslöffel geschlagene Sahne daraufgeben. Wie oben beschrieben mit weißem Zucker bestreuen und karamellisieren.

Croissants mit Maronencreme

Für **4 Personen**
Zubereitungszeit **15 Minuten**
Kochzeit **2–3 Minuten**

4 **Croissants**
75 g **Butter**, zerlassen
4 TL **brauner Zucker**
125 g **küchenfertig gesüßtes Maronenpüree**
125 g **Mascarpone**
2 EL **Naturjoghurt**
1 EL **flüssiger Honig**, plus zusätzlichen zum Beträufeln

Zum Servieren
kandierte Maronen, gehackt (optional)
schokolierte Kaffeebohnen, zerstoßen (optional)

Die Schnittflächen der Croissants mit der zerlassenen Butter bestreichen und mit dem Zucker bestreuen. Beiseite stellen.

Maronenpüree, Mascarpone, Joghurt und Honig glatt rühren.

Eine Grillpfanne auf kleiner Stufe erhitzen. Die Croissants darin mit der Schnittfläche nach unten 2–3 Minuten erhitzen und goldbraun rösten.

Die Croissants auf Teller legen, die Maronencreme daraufgeben und mit etwas zusätzlichem Honig beträufeln. Nach Wunsch mit ein paar gehackten kandierten Maronen oder zerstoßenen schokolierten Kaffeebohnen bestreuen und sofort servieren.

Für eine Nougatcreme das Maronenpüree durch 4 Esslöffel Nuss-Nougat-Aufstrich ersetzen und mit Mascarpone und Joghurt verrühren. Den Honig weglassen. Die gerösteten Croissants mit Aprikosenmarmelade bestreichen, dann die Nougatcreme daraufgeben.

Pink-Grapefruit-Parfait

Für **4 Personen**
Zubereitungszeit **15 Minuten**

2 rosé **unbehandelte Grapefruits**
5 EL **brauner Zucker**, plus zusätzlichen zum Bestreuen
250 g **Sahne**
175 g **Naturjoghurt**
3 EL **Holunderblütensirup**
½ TL gemahlener **Ingwer**
½ TL **Zimt**
Waffelröllchen, zum Servieren (optional)

Die Schale von 1 Grapefruit fein abreiben, dabei darauf achten, das bittere Weiße nicht mit abzureiben. Weißes, ggf. mit Schale, von beiden Grapefruits abtrennen. Die Filets durch Schnitte entlang der Trennwände auslösen, in eine große flache Schale geben und mit 2 Esslöffeln Zucker bestreut beiseite stellen.

Sahne und Joghurt zu einer dicken, aber nicht steifen Creme verschlagen.

Holunderblütensirup, Gewürze, Grapefruitschale und den restlichen Zucker zufügen und glatt rühren. Die Creme abwechselnd mit den Grapefruitfilets in Dessertgläser schichten.

Zum Abschluss mit Zucker bestreuen und sofort servieren. Nach Wunsch dazu Waffelröllchen reichen.

Für ein Orangen-Cassis-Parfait die Grapefruits durch 3 Orangen und den Holunderblütensirup durch schwarzen Johannisbeersirup ersetzen. Den Ingwer weglassen und mit Schokoladenspänen bestreut servieren.

Maronen-Baiser-Quark

Für **4 Personen**
Zubereitungszeit **15 Minuten**

250 g **Quark**
1 EL **Puderzucker**, gesiebt
125 g **küchenfertig gesüßtes Maronenpüree**
100 g **Baisers**, zerstoßen
Halbbitterschokoladenspäne, von der Tafel geschnitten, zum Dekorieren

Quark und Puderzucker gut verrühren. Die Hälfte des Maronenpürees und die zerstoßenen Baisers untermischen.

Das restliche Maronenpüree auf 4 Dessertgläser verteilen und die Baiser-Quarkcreme daraufgeben. Mit den Schokoladensplittern dekoriert servieren.

Für Maronen-Crêpes das ganze Maronenpüree unter den Quark rühren. 8 küchenfertige Crêpes gemäß Packungsanweisung erhitzen, mit dem Maronenquark bestreichen und aufrollen. Mit Kakao und Puderzucker bestäubt servieren.

Zitronensirupkuchen

Für 8 Personen
Zubereitungszeit 20 Minuten
Koch- und Backzeit
 22–28 Minuten

5 **Eier**
100 g **Zucker**
1 Prise **Salz**
125 g **Mehl**
1 TL **Backpulver**
fein abgeriebene Schale von
 1 unbehandelten **Zitrone**
1 EL **Zitronensaft**
100 g **Butter**, zerlassen
 und abgekühlt
**Crème fraîche oder saure
 Sahne**, zum Servieren

Zitronensirup
250 g **Puderzucker**
125 ml **Zitronensaft**
fein abgeriebene Schale von
 1 unbehandelten **Zitrone**
Samen von 1 **Vanilleschote**

Eier, Zucker und Salz in eine große hitzebeständige Schüssel geben und über leicht köchelndes Wasser stellen. Die Mischung mit dem Handrührgerät 2–3 Minuten aufschlagen und vom Herd nehmen.

Mehl und Backpulver darauf sieben, Zitronenschale und -saft zugeben und die Butter am inneren Schüsselrand herunterlaufen lassen. Alles vorsichtig unterheben. Den Teig in eine eingefettete und mit Backpapier ausgelegte quadratische Backform (22 cm x 22 cm) geben. Im vorgeheizten Ofen bei 180 °C 20–25 Minuten goldbraun backen).

Unterdessen alle Zutaten für den Sirup in einem kleinen Topf bei schwacher Hitze verrühren, bis sich der Zucker aufgelöst hat. Hochschalten und 4–5 Minuten sprudelnd kochen lassen. Beiseite stellen und etwas abkühlen lassen.

Den Kuchen aus dem Ofen nehmen und 5 Minuten abkühlen lassen. Dann mit einem Spieß Löcher hineinstechen und mit zwei Dritteln des warmen Sirups beträufeln. Den Sirup einziehen und abkühlen lassen.

Den Kuchen aus der Form nehmen und das Backpapier entfernen. Den Kuchen auf eine Platte legen und in kleine Quadrate oder Schnitten schneiden. Je 1 Löffel Crème fraîche oder saure Sahne darauf setzen und mit etwas zusätzlichem Sirup beträufelt servieren.

Für Orangensirupkuchen anstelle der Zitronen Orangenschale und Orangensaft verwenden. Zum Servieren statt der Sahne etwas Zitronensorbet auf die Kuchenstückchen geben.

Maracuja-Sahnejoghurt

Für **4 Personen**
Zubereitungszeit **8 Minuten**

6 **Maracujas**, halbiert, Fruchtfleisch und Kerne ausgelöst
300 g **Naturjoghurt**
1 EL **Honig**
200 g **geschlagene Sahne**
4 **Heidesandkekse oder Buttergebäck**, zum Servieren

Maracuja-Fruchtfleisch und -kerne mit Joghurt und Honig verrühren.

Die geschlagene Sahne unterheben. Auf 4 schlanke Gläser verteilen und mit dem Gebäck servieren.

Für einen Mango-Limetten-Sahnejoghurt die Maracujas weglassen. Stattdessen 1 große reife Mango schälen, entsteinen und mit der abgeriebenen Schale von 1 Limette und Puderzucker nach Geschmack pürieren. Mit dem Joghurt verrühren, dann die geschlagene Sahne unterheben. Den Honig weglassen

After-Eight-Käsekuchen

Für 4–6 Personen
Zubereitungszeit **12 Minuten**
plus Kühlzeit

200 g **Schokoladenkekse**
100 g **Zartbitterschokolade**
  mit Pfefferminzgeschmack,
  gehackt
50 g **Butter**, zerlassen
200 g **Frischkäse**
200 g **Mascarpone**
50 g **Zucker**
1 EL **Pfefferminzlikör oder
  Pfefferminzextrakt**
2 Tropfen grüne
  Lebensmittelfarbe
50 g **Deko-Tropfen aus
  Zartbitterschokolade**

Kekse und Schokolade im Mixer zu einer fein krümeligen Mischung verarbeiten. Die zerlassene Butter unterrühren. Die Masse auf den Boden einer runden Springform (Ø 20 cm) geben und andrücken. Im Gefrierschrank fest werden lassen, während die Creme zubereitet wird.

Für die Creme Frischkäse, Mascarpone, Zucker, Pfefferminzlikör bzw. -extrakt und Lebensmittelfarbe in einer großen Schüssel gut verrühren. 40 g Schokotropfen unterheben, die Mischung auf den Keksboden geben und mit der Rückseite eines Löffels glatt streichen.

Im Kühlschrank 1 Stunde kalt stellen.

Den Kuchen mit einem Messer vom Rand lösen und vorsichtig aus der Form nehmen. Die restlichen Schokotropfen grob hacken und auf den Kuchen streuen.

Für einen Ingwer-Käsekuchen die Schokoladenkekse durch Ingwerkekse und den Pfefferminzlikör durch Ingwerwein ersetzen. Pfefferminzschokolade und Lebensmittelfarbe weglassen.

Register

After-Eight-Käsekuchen 184
Aïoli 116
Äpfel:
　Apfel-Brombeer-Auflauf 204
　Apfelmus mit Brombeeren 188
　Apfel-Sultaninen-Töpfchen 220
　Spinat-Süßkartoffel-Bratlinge mit Salbei und Apfelmus 146
Aprikosen:
　Aprikosen-Zitrus-Risotto mit Mandeln 200
　Kreuzkümmel-Kichererbsen mit Aprikosen 150
Artischocken:
　Gemüse-Wraps mit Ziegenkäse 142
　Pizza mit Artischockenherzen und Gorgonzola 52
Auberginen:
　Auberginen-Hackfleisch mit Reisnudeln 42
　Gemüse-Wraps mit Ziegenkäse 142
　Grillsalat mit dicken Bohnen 138
Avocados:
　Avocado-Brunnenkresse-Sauce 126
　Orangen-Avocado-Salat 162
　Tomaten-Avocado-Salat 160

Basilikum 11
　Italienische Salsa 110
Beeren:
　Knuspriges Beerenkompott 208
　Muffin-Trifle mit beschwipsten Beeren 216
Blumenkohl-Gouda-Pastete 148
Bohnen 10
　Bohnen-Champignon-Pâté 96
　Bohnen-Fenchel-Cremesuppe 136
　Bohnen-Sardellen-Pâté 96
　Bohnen-Sellerie-Salat 138
　Borlottibohnen-Cremesuppe mit Räucherwurst 14
　Cannellini-Baguette-Salat 156
　Grillsalat mit dicken Bohnen 138
　Limabohnensuppe mit Speck 14
　Linguine mit Borlottibohnen 174
Bohnensprossen-Karotten-Salat 22
Brioche:
　Briochetoast mit Schokoladensauce 212
　Eis-Brioches 212
　Süße Toasts mit Feigen, Joghurt und Honig 198
Brombeeren:
　Apfel-Brombeer-Auflauf 204
　Apfelmus mit Brombeeren 188

Brot:
　Arme Ritter 186
　Cannellini-Baguette-Salat 156
　Kichererbsen-Pitabrot-Salat 156
　Knoblauch-Oregano-Parmesan-Toasts 50
Brunnenkresse:
　Avocado-Brunnenkresse-Sauce 126
　Brunnenkressesalat mit Entenbrust, Cranberrys und Pekannüssen 74
Bunter Limetten-Quinoa-Salat 176

Champignon-Brokkoli-Pastete 148
Chermoula:
　selbstgemachte Gewürzmischung 82
　Spinat-Hühnerpfanne mit Chermoula 82
Chilisauce 94
Couscous:
　Erbsen-Couscous 34
　Lachs mit Estragonbutter und Couscous 108
　Lammkoteletts mit Oliven-Couscous 24
Croissants mit Maronencreme 222
Currys:
　Curry-Dhal mit Spinat 154
　Garnelen-Zitronen-Curry 112
　Kartoffel-Spinat-Curry 154
　Miesmuschel-Zitronen-Curry 112
　Rindfleisch-Kartoffel-Curry 26
　Sri-lankisches Lammcurry 26

Datteln: Schoko-Panini mit Datteln 186
Dressings:
　Estragon-Zitronen-Dressing 152
　Joghurtdressing 150
　Knoblauch-Senf-Dressing 152
　Kräuter-Salatdressing 166
　Zitrusdressing 120

Eier:
　Arme Ritter 186
　Erbsen-Porree-Omelett 166
　Gebackener Zitronenpudding 210
　Omeletts mit Gemüsefüllung 164
　Pudding-Tarte 210
　Vanillesauce 214
Eis-Brioches 212
Entenfleisch:
　Brunnenkressesalat mit Entenbrust, Cranberrys und Pekannüssen 74
　Entenbrust mit Sherry-Limetten-Sauce 70
　Feldsalat mit geräucherter Entenbrust 74
　Knusprige Entenbrust mit Ingwer und Orange 70
　Scharfe Enten-Kokos-Nudeln 80

Erbsen:
  Erbsen-Couscous 34
  Erbsen-Porree-
    Omelett 166
  Korianderreis mit
    Erbsen 62
Erdbeer-
  Götterspeise 184
Erdnüsse:
  Asia-Salat mit
    Garnelen und
    Erdnüssen 58
  Malaiische
    Rindfleischspieße
    mit Erdnuss-
    sauce 22
Estragon:
  Estragon-Zitronen-
    Dressing 152
  Lachs mit Estra-
    gonbutter und
    Couscous 108

Feigen:
  Feigen mit Joghurt
    und Honig 198
  Feigen mit
    Parmaschinken 38
  Süße Toasts mit
    Feigen und
    Honig 198
Fenchel:
  Bohnen-Fenchel-
    Cremesuppe 136
  Fenchel-Zitronen-
    Cremesuppe 136
Forelle:
  Forellenfilets mit
    Mandeln 92
  Räucherfisch-
    gratin 130

Garnelen:
  Asia-Salat mit
    Garnelen und
    Erdnüssen 58
  Garnelen mit
    japanischem Salat 94
  Garnelen mit
    Sesamnudeln 102
  Garnelen-Zitronen-
    Curry 112
  Jakobsmuschel-
    Garnelen-Spieße 120
  Kabeljau-Garnelen-
    Gratin 130
  Scharfe Garnelen-
    Kokos-Nudeln 80
  Teriyaki-Garnelen mit
    Soba-Nudeln 102
Gemüse:
  Gemüse-Wraps mit
    Ziegenkäse 142
  Hühnersuppe mit
    Frühlingsgemüse 60
  Omeletts mit
    Gemüsefüllung 164
  Sesam-
    gemüse 122
Grapefruits:
  Gestürzte Grapefruit-
    Küchlein 214
  Pink-Grapefruit-
    Parfait 224
  Zitrusdressing 120
Graupensalat mit
    Räucherkäse 168
Grießschnitten 180

Himbeeren:
  Himbeer-Rosen-
    wasser-Töpfchen mit
    gemahlenen
    Mandeln 220
  Himbeer-
    Sektgelees 184
  Rhabarber-Himbeer-
    Auflauf 204
  Schoko-Himbeer-
    Eisbecher 196
  Schokoladen-
    Himbeer-Soufflés 206

Hirschfleisch:
  Hirschgeschnetzeltes
    in Rotwein 36
  Hirschrücken mit
    Pfefferkruste 48
  Hirschsteaks nach
    chinesischer Art mit
    Pak-Choi 48
Hokkaido-Spinat-
  Suppe mit
  Kokosmilch 134
Honig:
  Feigen mit Joghurt
    und Honig 198
  Pikante Honig-
    Hähnchenbrust 68
  Süße Toasts mit
    Feigen, Joghurt und
    Honig 198
Hühnerfleisch:
  Asia-Salat mit
    Hähnchenbrust 58
  Baskischer
    Hühnertopf 88
  Brathähnchen mit
    Gewürzreisfüllung 64
  Chinesische
    Hühnerpfanne 72
  Chinesische
    Hühnersuppe 60
  Gebratene
    Stubenküken mit
    Oregano 78
  Hähnchenbrust mit
    Gewürzreis 64
  Hähnchenschnitzel
    alla Milanese 66
  Hühnersuppe mit
    Frühlingsgemüse 60
  Kräuterhonig-
    Hähnchenbrust 68
  Limetten-Ingwer-
    Huhn mit
    Koriander 56
  Mediterrane Hähn-
    chenschenkel 56
  Pikante Honig-
    Hähnchenbrust 68
  Sommerliche
    Hähnchen-
    päckchen 20
  Spinat-Hühnerpfanne
    mit Chermoula 82
  Thai-Hühnercurry im
    Salatblatt 72
  Zitronen-Chili-
    Huhn 62
Hummer:
  Hummerschwänze
    mit Aïoli 116
  Hummerschwänze
    mit Tomaten-Pesto-
    Sauce 116

Ingwer:
  Ingwer-
    Käsekuchen 232
  Ingwer-Schokoladen-
    Brownies 218
  Knusprige Entenbrust
    mit Ingwer und
    Orange 70
  Limetten-Ingwer-
    Huhn mit Koriander 56

Joghurt:
  Feigen mit Joghurt
    und Honig 198
  Joghurtdressing 150
  Mango-Limetten-
    Sahnejoghurt 230
  Maracuja-Limetten-
    Joghurt 140
  Maracuja-
    Sahnejoghurt 230
  Süße Toasts mit Fei-
    gen und Honig 198

Kabeljau:
  Jamaikanischer
    Kabeljau mit
    Zitrussalsa 106

Kabeljau mit italienischer Salsa 110
Kabeljaufilet mit Tomaten und Rucola 110
Kabeljau-Garnelen-Gratin 130
Kabeljau-Schlemmerfilet 106
Miso-Kabeljau mit Pak-Choi-Kohl 122
Karotten:
Bohnensprossen-Karotten-Salat 22
Spaghetti mit Karotten und Kürbis 172
Kartoffeln:
Italienischer Gratin 170
Kartoffel-Käse-Gratin mit Chicorée 170
Kartoffel-Spinat-Curry 154
Klassischer Kartoffelgratin 78
Knusprige Seehechtsteaks mit mediterranen Kartoffeln 104
Meerbrasse mit Bratkartöffelchen 114
Ofenkartoffeln mit Quinoa-Salat 176
Pizza nach Tartiflette-Art 52
Rindfleisch-Kartoffel-Curry 26
Spinat-Parmesan-Kartoffelpüree 40
Käse:
Blumenkohl-Gouda-Pastete 148
Feta-Tomaten-salat 178

Gefüllte Süßkartoffeln 144
Gegrillte Lammspieße mit Fetasalat 30
Gemüse-Wraps mit Ziegenkäse 142
Graupensalat mit Räucherkäse 168
Halloumi mit Gurkensalat 160
Halloumi-Mango-Spieße 120
Italienischer Gratin 170
Knoblauch-Oregano-Parmesan-Toasts 50
Knusprige Parmaschinken-Päckchen 38
Pizza mit Artischockenherzen und Gorgonzola 52
Pizza nach Tartiflette-Art 52
Polentaschnitten mit karamellisierten Zwiebeln und Ziegenkäse 144
Spinat-Parmesan-Kartoffelpüree 40
Tomaten-Paprika-Wraps mit Kräuterkäse 142
Überbackene Käse-Polenta 180
Wassermelonensalat mit Feta 178
Wildreissalat mit Ziegenkäse 168
Käsekuchen:
After-Eight-Käsekuchen 232
Ingwer-Käsekuchen 232
Kichererbsen:
Kichererbsen-Pitabrot-Salat 156

Krebs-Kichererbsen-Bratlinge mit Kräutern 126
Kreuzkümmel-Kichererbsen mit Aprikosen 150
Spinat-Hühnerpfanne mit Chermoula 82
Kirschen:
Schwarzwälder-Kirsch-Trifle 216
Knoblauch:
Knoblauch-Kräuter-Lammkoteletts 28
Knoblauch-Oregano-Parmesan-Toasts 50
Knoblauch-Senf-Dressing 152
Kohl:
Pute auf Weißkohl-Sonnenblumenkern-Salat 84
Schweinespieße mit Rotkohlsalat 30
Kokos:
Hokkaido-Spinat-Suppe mit Kokosmilch 134
Kokos-Koriander-Meeresfrüchte mit Limettenreis 118
Kokos-Koriander-Miesmuscheln 118
Scharfe Enten-Kokos-Nudeln 80
Koriander 11
Kokos-Koriander-Meeresfrüchte mit Limettenreis 118
Kokos-Koriander-Miesmuscheln 118
Korianderreis mit Erbsen 62
Limetten-Ingwer-Huhn mit Koriander 56

Thai-Hühnercurry im Salatblatt 72
Kräuter 11
Kichererbsen-Pitabrot-Salat 156
Knoblauch-Kräuter-Lammkoteletts 28
Kräuterhonig-Hähnchenbrust 68
Kräuter-Salatdressing 166
Krebs-Kichererbsen-Bratlinge mit Kräutern 126
Petersilienlachs mit Grünspargel 124
Zitronen-Kräuter-Mayonnaise 128
Krebsfleisch: Krebs-Kichererbsen-Bratlinge mit Kräutern 126
Kreuzkümmel-Kichererbsen mit Aprikosen 150
Kuchen:
Gestürzte Grapefruit-Küchlein 214
Ingwer-Schokoladen-Brownies 218
Orangensirupkuchen 228
Schokoladen-Orangen-Brownies 218
Zitronensirupkuchen 228
Kürbis:
Hokkaido-Spinat-Suppe mit Kokosmilch 134
Pikante Kürbis-Spinat-Suppe 134
Spaghetti mit Karotten und Kürbis 172

Spaghetti mit Roter
Bete und Kürbis 172

Lachs:
Lachs mit Estragon-
butter und
Couscous 108
Lachsfilet mit
Quinoa 108
Lachs-Pancetta-
Salat 100
Petersilienlachs mit
Grünspargel 124
Teriyaki-Lachs mit
Udon-Nudeln 124
Lammfleisch:
Aromatische
Lammkoteletts 32
Gebratene
Lammstreifen 24
Gegrillte Lammspieße
mit Fetasalat 30
Knoblauch-Kräuter-
Lammkoteletts 28
Lammkoteletts mit
Oliven-Couscous 24
Lammrücken mit
Rosmarinöl 28
Sri-lankisches
Lammcurry 26
Leber:
Salat mit
Geflügelleber,
Champignons und
Speck 16
Salat mit Kalbsleber
und Speck 16
Limetten:
Entenbrust mit
Sherry-Limetten-
Sauce 70
Kokos-Koriander-
Meeresfrüchte mit
Limetten 118
Limetten-Ingwer-Huhn
mit Koriander 56

Maracuja-Limetten-
Joghurt 140
Maracuja-Limetten-
Salat 140
Maracuja-Limetten-
Sorbet 202
Zitrusdressing 120
Linsen 10
Curry-Dhal mit
Spinat 154
Knuspriger
Schwertfisch mit
Puy-Linsen 104
Kreuzkümmel-
Linsen mit Joghurt-
dressing 150

Mais: Chinesische
Hühnersuppe 60
Makrelenfilets mit
Meerrettich-
Sauerrahm 114
Mandeln:
Aprikosen-Zitrus-
Risotto mit
Mandeln 200
Forellenfilets mit
Mandeln 92
Himbeer-Rosen-
wasser-Töpfchen
mit gemahlenen
Mandeln 220
Schoko-Panini mit
Datteln 186
Mangos:
Halloumi-Mango-
Spieße 120
Mango-Limetten-
Sahnejoghurt 230
Weiße Schokoladen-
Mango-Soufflés 206
Maracujas:
Maracuja-Limetten-
Joghurt 140
Maracuja-Limetten-
Salat 140

Maracuja-Limetten-
Sorbet 202
Maronenpüree:
Croissants
mit Maronen-
creme 222
Maronen-Baiser-
Quark 226
Maronen-Crêpes 226
Mayonnaise:
Zitronen-Kräuter-
Mayonnaise 128
Meerbrasse mit
Bratkartöffelchen 114
Meerrettichsauce:
Makrelenfilets
mit Meerrettich-
Sauerrahm 114
Miesmuscheln:
Kokos-Koriander-
Miesmuscheln 118
Miesmuschel-
Zitronen-Curry 112
Mousse au Chocolat:
Dunkle Mousse
au Chocolat mit
Orange 192
Weiße Mousse au
Chocolat 192
Muffin-Trifle mit
beschwipsten
Beeren 216

Nudeln, asiatische 10
Auberginen-
Hackfleisch mit
Reisnudeln 42
Garnelen mit
Sesamnudeln 102
Scharfe Enten-
Kokos-Nudeln 80
Teriyaki-Garnelen mit
Soba-Nudeln 102
Teriyaki-Lachs mit
Udon-Nudeln 124
Nudeln, Pasta 10

Knusper-Linguine
mit Spargel 174
Linguine mit
Borlottibohnen 174
Penne mit Chorizo
und Pimentón 50
Rückensteaks in
Cidre mit
Pappardelle 36
Schweinefilet mit
getrockneten
Tomaten und
Tagliatelle 46
Schweinefilet mit
grünem Pfeffer und
Tagliatelle 46
Spaghetti mit
Karotten und
Kürbis 172
Spaghetti mit Roter
Bete und Kürbis 172

Okra-Hackfleisch
mit Reis 42
Oliven:
Gebratene Oliven-
Polenta 88
Klassisches
Taboulé 158
Lammkoteletts mit
Oliven-Couscous 24
Omeletts:
Erbsen-Porree-
Omelett 166
Omeletts mit
Gemüsefüllung 164
Orangen:
Alkoholfreie Orangen-
scheiben 194
Beschwipste
Orangen-
scheiben 194
Blutorangen-
sorbet 202
Orangen-Avocado-
Salat 162

Orangen-Cassis-
Parfait 224
Orangensirup-
kuchen 228
Orangen-Walnuss-
Salat 162
Pfannküchlein
mit Orangen-
geschmack 190
Schokoladen-
Orangen-
Brownies 218
Zitrussalsa 106

Pancetta:
Jakobsmuscheln mit
Pancetta 100
Lachs-Pancetta-
Salat 100
Panini: Schoko-Panini
mit Datteln 186
Paprika:
Chinesische
Hühnerpfanne 72
Gelbe Paprika-
Senf-Salsa 98
Pilz-Paprika-
Stroganow 44
Tomaten-Paprika-
Wraps mit
Kräuterkäse 142
Überbackene
Puten-Burritos 76
Pâtés:
Bohnen-
Champignon-
Pâté 96
Bohnen-Sardellen-
Pâté 96
Pekannüsse:
Brunnenkressesalat
mit Entenbrust,
Cranberrys und
Pekannüssen 74
Zimtrisotto mit
Nüssen 200

Penne mit Chorizo
und Pimentón 50
Pfannkuchen:
Maronen-Crêpes 226
Pfannküchlein mit
Orangen-
geschmack 190
Pfannküchleinberg
mit Ahornsirup 190
Pfefferkörner:
Hirschrücken mit
Pfefferkruste 48
Schweinefilet mit
grünem Pfeffer und
Tagliatelle 46
Pfirsichpüree mit
Heidelbeeren 188
Pflaumen:
Knuspriges
Pflaumenkompott
208
Taboulé mit
Pistazien und
Pflaumen 158
Pilze:
Bohnen-
Champignon-Pâté 96
Champignon-
Brokkoli-Pastete 148
Pilz-Paprika-
Stroganow 44
Puten-Pilz-Pastete 86
Salat mit
Geflügelleber,
Champignons
und Speck 16
Schweinefilet in
Pilz-Rahmsauce 34
Teigtaschen mit
Puten-Pilz-Füllung 86
Pizza nach Tartiflette-
Art 52
Pizza:
Pizza mit
Artischockenherzen
und Gorgonzola 52

Pizza nach Tartiflette-
Art 52
Polenta 10
Gebratene Oliven-
Polenta 88
Polentaschnitten mit
karamellisierten
Zwiebeln und
Ziegenkäse 144
Überbackene Käse-
Polenta 180
Pudding:
Gebackener
Zitronenpudding 210
Pudding-Tarte 210
Putenfleisch:
Pute auf Weißkohl-
Sonnenblumenkern-
Salat 84
Puten-Pilz-
Pastete 86
Putensalat-Tacos mit
Kürbiskernen 84
Teigtaschen mit
Puten-Pilz-Füllung 86
Überbackene Puten-
Burritos 76

Quinoa 10
Bunter Limetten-
Quinoa-Salat 176
Lachsfilet mit
Quinoa 108
Ofenkartoffeln mit
Quinoa-Salat 176

Reis 10
Brathähnchen mit
Gewürzreisfüllung 64
Hähnchenbrust mit
Gewürzreis 64
Kokos-Koriander-
Meeresfrüchte mit
Limettenreis 118
Korianderreis mit
Erbsen 62

Okra-Hackfleisch
mit Reis 42
Wildreissalat mit
Ziegenkäse 168
Zimtrisotto mit
Nüssen 200
Rhabarber-Himbeer-
Auflauf 204
Rindfleisch:
Bœuf Stroganow 44
Italienische
Filetsteak-
Päckchen 20
Malaiische
Rindfleisch-
spieße mit
Erdnusssauce 22
Okra-Hackfleisch
mit Reis 42
Rindfleisch-Kartoffel-
Curry 26
Thailändischer
Rindfleischsalat 18
Risotto:
Zimtrisotto mit
Nüssen 200
Aprikosen-Zitrus-
Risotto mit
Mandeln 200

Salat mit Geflügelleber,
Champignons und
Speck 16
Saucen 11
Avocado-
Brunnenkresse-
Sauce 126
Chilisauce 94
Erdnusssauce 22
Misosauce 122
Schinken:
Feigen mit
Parmaschinken 38
Knusprige
Parmaschinken-
Päckchen 38

Schokolade:
After-Eight-Käsekuchen 232
Briochetoast mit Schokoladensauce 212
Dunkle Mousse au Chocolat mit Orange 192
Ingwer-Schokoladen-Brownies 218
Nougatcreme 222
Schoko-Himbeer-Eisbecher 196
Schokoladen-Himbeer-Soufflés 206
Schokoladen-Orangen-Brownies 218
Schokoladenschmaus 196
Schoko-Panini mit Datteln 186
Weiße Schokoladen-Mango-Soufflés 206
Weiße Mousse au Chocolat 192
Schwarzwälder-Kirsch-Trifle 216
Schweinefleisch:
Auberginen-Hackfleisch mit Reisnudeln 42
Frikadellen mit Süßkartoffeln 32
Rückensteaks in Cidre mit Pappardelle 36
Schweinefilet in Pilz-Rahmsauce 34
Schweinefilet mit getrockneten Tomaten und Tagliatelle 46
Schweinefilet mit grünem Pfeffer und Tagliatelle 46

Schweinespieße mit Rotkohlsalat 30
Zitronen-Thymian-Koteletts 40
Senf:
Gelbe Paprika-Senf-Salsa 98
Knoblauch-Senf-Dressing 152
Sesamgemüse 122
Sommerliche Hähnchenpäckchen 20
Sonnenblumenkerne:
Pute auf Weißkohl-Sonnenblumenkern-Salat 84
Sorbets:
Blutorangensorbet 202
Maracuja-Limetten-Sorbet 202
Soufflés:
Schokoladen-Himbeer-Soufflés 206
Weiße Schokoladen-Mango-Soufflés 206
Spaghetti:
Spaghetti mit Karotten und Kürbis 172
Spaghetti mit Roter Bete und Kürbis 172
Spargel:
Knusper-Linguine mit Spargel 174
Petersilienlachs mit Grünspargel 124
Spargel mit Estragondressing 152
Spargel-Zuckererbsen-Pfanne 164
Speck:
Limabohnensuppe mit Speck 14

Pizza nach Tartiflette-Art 52
Salat mit Geflügelleber, Champignons und Speck 16
Salat mit Kalbsleber und Speck 16
Spinat:
Curry-Dhal mit Spinat 154
Hokkaido-Spinat-Suppe mit Kokosmilch 134
Kartoffel-Spinat-Curry 154
Pikante Kürbis-Spinat-Suppe 134
Spinat mit Rosinen und Pinienkernen 66
Spinat-Hühnerpfanne mit Chermoula 82
Spinat-Parmesan-Kartoffelpüree 40
Spinat-Süßkartoffel-Bratlinge 146
Spinat-Süßkartoffel-Bratlinge mit Salbei und Apfelmus 146
Suppen:
Bohnen-Fenchel-Cremesuppe 136
Borlottibohnen-Cremesuppe mit Räucherwurst 14
Chinesische Hühnersuppe 60
Fenchel-Zitronen-Cremesuppe 136
Hokkaido-Spinat-Suppe mit Kokosmilch 134
Limabohnensuppe mit Speck 14
Pikante Kürbis-Spinat-Suppe 134

Süßkartoffeln:
Frikadellen mit Süßkartoffeln 32
Gefüllte Süßkartoffeln 144
Spinat-Süßkartoffel-Bratlinge 146
Spinat-Süßkartoffel-Bratlinge mit Salbei und Apfelmus 146

Taboulé mit Pistazien und Pflaumen 158
Teriyaki-Garnelen mit Soba-Nudeln 102
Teriyaki-Lachs mit Udon-Nudeln 124
Thunfischsteak mit grüner Salsa 98
Thymian: Zitronen-Thymian-Koteletts 40
Tintenfisch:
Tintenfische in Tomatensauce 128
Tintenfischringe mit Mayonnaise 128
Tofu: Thailändischer Tofusalat 18
Tomaten:
Feta-Tomatensalat 178
Italienische Salsa 110
Kabeljaufilet mit Tomaten und Rucola 110
Klassisches Taboulé 158
Scharfe Tomatensalsa 70
Schweinefilet mit getrockneten Tomaten und Tagliatelle 46
Tomaten-Avocado-Salat 160

Tomaten-Paprika-Wraps mit Kräuterkäse 142

Vanillesauce 214

Walnüsse:
Knusprige Parmaschinken-Päckchen 38
Orangen-Walnuss-Salat 162
Wassermelonensalat mit Feta 178

Wein:
Himbeer-Sektgelees 184
Hirschgeschnetzeltes in Rotwein 36
Wurst:
Borlottibohnen-Cremesuppe mit Räucherwurst 14
Penne mit Chorizo und Pimentón 50

Zimtrisotto mit Nüssen 200

Zitronen:
Estragon-Zitronen-Dressing 152
Fenchel-Zitronen-Cremesuppe 136
Garnelen-Zitronen-Curry 112
Gebackener Zitronen-pudding 210
Miesmuschel-Zitronen-Curry 112
Zitronen-Chili-Huhn 62

Zitronen-Kräuter-Mayonnaise 128
Zitronensirup-kuchen 228
Zitronen-Thymian-Koteletts 40
Zitrusfrüchte:
Zitrusdressing 120
Zitrussalsa 106
Zuckererbsen:
Chinesische Hühnersuppe 60
Spargel-Zuckererbsen-Pfanne 164

Herausgeber: Nicky Hill
Lektorat: Camilla Davis
Art Editor: Penny Stock
Design: Grade
Fotos: Stephen Conroy
Küchenberatung: Joanna Farrow
Requisiten: Liz Hippisley
Produktionsmanager: Martin Croshaw

andere Fotos : © Octopus Publishing Group Limited/Stephen Conroy. © Octopus Publishing Group Limited/Gareth Sambridge 29, 39, 49, 101, 123, 153, 187, 191, 195, 199, 223;/Gus Filgate 24, 117, 129, 147; /Lis Parsons 33, 57, 63, 73, 107, 113, 120, 137, 141, 163, 179, 203, 211, 215, 219, 225; /Stephen Conroy 21, 57, 99; William Lingwood 19, 97, 233;/William Reavell 159